Ça n'arrive pas qu'aux autres

Dominique Mausservey

Ça n'arrive pas qu'aux autres

(Conséquences d'un accident)

Autobiographie

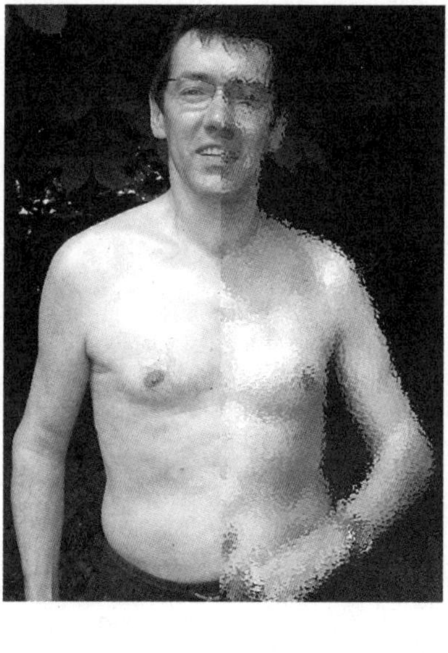

Graine d'Auteur

A Isabelle et Fat-Hang

Pour préserver l'anonymat et l'intégrité du personnel hospitalier, j'ai transformé volontairement leur nom et leur prénom, excepté ceux de deux médecins auxquels je voue une profonde admiration : Les docteurs Lambert et Holy.

L'auteur

Abréviations

AMA : Assurance Mutuelle Agricole

AVC : Accident Vasculaire Cérébral

CETA : Centre d'Etudes Techniques Agricoles

CGER : Centre de Gestion et d'Economie Rurale

CHG : Centre Hospitalier Général

CNP : Caisse Nationale de Prévoyance

CUMA : Coopérative d'Utilisation de Matériel Agricole

EARL : Exploitation Agricole à Responsabilité Limitée

FDSEA : Fédération Départementale des Syndicats d'Exploitants Agricoles

FNATH : Fédération Nationale des Accidentés du Travail et des Handicapés

GAEC : Groupement Agricole d'Exploitation en Commun

MSA : Mutualité Sociale Agricole

UGB : Unité Gros Bétail

SAMU : Service d'Assistance Médical d'Urgence

VSL : Véhicule Sanitaire Léger

En culottes courtes, à l'ombre du château de Chazoy, je découvrais les plaisirs de la nature. Accompagné de Brigitte l'aînée, de Geneviève l'espiègle, de Christine la chipie et de Rémy le dernier, j'ai appris tous les bonheurs de la ferme. Mes grands-parents m' éduquaient dans la tradition rurale. Plus tard, adolescent, je n' eus qu'un désir, devenir agriculteur. Entre les études et les sorties entre copains, mon envie devenait plus viscérale. Un an sous les drapeaux ébranla quelque peu ma conviction profonde mais, déterminé, la passion l'emporta et je décidai de m'associer avec mes parents dès ma vingtième année. Après quelques mois, plus aucun problème ni souci ne m' était étranger, mais quel plaisir de voir un veau naître ou une céréale éclore !

Entre les soins aux animaux, le suivi des cultures et l'entretien du matériel, mon emploi du temps était saturé. Très actif, je ne comprenais pas ceux qui s'ennuyaient dans leur travail. Pour moi, il était impensable de se reposer plus d'une semaine. Pourtant mes nouvelles activités ne m'empêchaient pas de voir mes copains, au nombre d'une dizaine, avec qui je buvais plus que de raison, roulais trop vite en voiture et fréquentais les pistes de danse du samedi soir. Ce fut en été, lors d'un bal de campagne que je fis la connaissance d'une jeune fille et j'eus rapidement l'impression de ne plus pouvoir m'en passer. Je découvrais le véritable amour et vivais une passion inconnue jusqu'alors. Elle était jeune et sa vie citadine mit beaucoup d'obstacles à nos rencontres. Mes parents me firent comprendre dès le début, qu'ils n'accepteraient pas cette liaison avec une fille sans racines rurales. Après une dispute d'amoureux et une vive tension avec mon père, je quittai la région sur un coup de cafard. Mais Isabelle sut me convaincre de revenir et, à partir de ce jour, notre amour devint indestructible. Puis vint le mariage, la naissance de deux filles. Ma situation familiale s'affirmait mais je me posais de plus en plus de questions à propos de mon métier. En effet, comment supporter seul la charge de travail lorsque mes parents seront à la retraite. Avec des structures de plus en plus grandes et des bénéfices de moins en moins importants, je devais réagir et optimiser mon entreprise. Ce fut à l'instigation d'un copain de longue date, Jean-Marc, que je décidai de m'associer avec lui. Cette union qui devait être effective à partir de janvier 1991, avait déjà été précédée d'un regroupement d'animaux, de semis en commun et de projets réalistes, mais…

I
Un profond sommeil

Samedi 15 décembre 1990 à 11 h

Service des correspondancières de ventes dans l'entreprise Maty.

– Isabelle, un appel privé !

– Je prends !

– Isabelle ?

– Salut m'man !

– Je viens de recevoir un appel de ton beau-père, Domi est tombé, le médecin est sur place, ils attendent le Samu !

– Mais Domi est tombé de où ? Et pourquoi le Samu ?

– Je n'en sais pas plus, si tu veux, je peux venir à l'hôpital avec toi.

– OK. J'arrive !

Habituellement, je quitte mon travail à 13 h 30 mais je demande à ma responsable l'autorisation de partir immédiatement, ce qui est accepté. Ma mère m'accompagne et nous nous rendons à l'hôpital de Besançon. Au Samu, consternation, Domi n'est pas attendu. Je téléphone à Chazoy, là mon beau-père me dit :

– Le Samu est là, ils vont l'emmener, on a fait tout ce qu'il fallait.

Il est 12 h 15, comment ne pas être inquiète avec si peu d'explications ? A 12 h 30, angoissée, je rappelle.

– Le Samu est toujours là, on a fait tout ce qu'il fallait.

A 12 h 45, pour avoir de plus amples renseignements, je décide d'appeler notre médecin de famille. Par chance, il vient d'arriver et m'annonce :

– C'est très grave, votre mari est dans le coma, maintenant il faut vivre au jour le jour.

Je raccroche, abattue. Onze mois plus tard, ce médecin m'avouera avoir pensé que Domi n'avait aucune chance d'arriver vivant à l'hôpital.

J'entends la radio crépiter : Mydriase bilatérale, besoin d'un scanner, prévenez le neurochirurgien.

Enfin, à 12 h 55 je vois une image furtive. Deux ambulanciers poussant un chariot sur lequel est installé un matelas coquille d'où dépasse uniquement ton visage. Je distingue un tuyau entrant dans ta bouche. Un homme en blouse blanche m'accoste.

– C'est vous Madame Mausservey ?

– Oui.

– Bonjour, je suis l'interne qui s'occupe de votre mari, c'est très grave, il va passer un scanner. Je viendrai vous donner le résultat.

A 13 h 15, l'interne revient.

– Alors ?

– Le scanner a montré une artère perforée sur le côté droit du cerveau plus une fracture du crâne, votre mari a besoin d'une opération d'urgence. Le bloc opératoire et le neurochirurgien sont prévenus, il est inutile d'attendre, revenez vers 16h00.

Exacte au rendez-vous, une infirmière me conduit en salle de réveil et m'explique la fonction des appareils qui t'entourent. Là, je te trouve endormi, un pansement recouvre tout ton cuir chevelu. Je peux dire que tu es branché, un gros tuyau partant d'un appareil est rentré dans ta bouche. C'est une machine contre l'insuffisance respiratoire. Tu as aussi une perfusion dans le bras gauche d'où partent sept tuyaux, et sur le torse trois ventouses en plastique reliées à des cadrans qui indiquent les battements du cœur, la tension et la température, puis un drain sortant de ton pansement pour évacuer le sang du cerveau et enfin une grosse seringue de calmants qui s'injectent très lentement dans une veine. Un homme en blanc s'avance vers moi.

– Bonjour madame, je suis le médecin anesthésiste, le neurochirurgien a réussi à cautériser l'artère. Votre mari est dans un coma stade trois. De plus, nous le maintenons dans un coma médical, car il est très agité.

– Combien de temps va-t-il rester dans le coma ?

– Impossible à savoir, peut-être deux jours, huit jours, un mois…

– Donc lundi quand il se réveillera…

– Je n'ai pas dit qu'il se réveillera lundi.

– Vous avez dit deux jours.

– Oui, mais… Peut-être… Je suis bien incapable de vous donner une date.

J'apprends également que le sang libéré dans le cerveau de Domi descendait et arrivait aux amygdales quand il est rentré à l'hôpital et qu'un quart d'heure plus tard il serait mort étouffé par le sang qui allait comprimer sa gorge. Je suis informée également que Domi est arrivé à l'hôpital dans un coma post-mortem. J'ai décidé de rester à Besançon chez mes parents jusqu'à ce que Domi sorte de l'hôpital, pour réduire les trajets et Mamie s'occupera des deux petites. Ce soir, je téléphone à Jean-Marc pour qu'il m'explique la chute de Domi.

– Bonsoir Jean-Marc.

– Salut Isabelle, quelles nouvelles de Domi ?

– Il est toujours dans le coma stade trois, mais dis-moi, sais-tu d'où est tombé Domi, je suppose que c'est d'un toit car il adore grimper dessus ?

– Non, c'est d'un chargeur frontal de tracteur, il faisait la litière, une botte ronde au bout de la fourche avant et pour gagner dix minutes, m'avait-il dit, il avait pris l'habitude de grimper sur la machine pour couper les ficelles et descendre la paille dans la stabulation. Ses pieds étaient à trois mètres du sol lorsqu'il est tombé, on suppose, car il a été trouvé assis contre la roue avant et il se plaignait de la tête.

– Il était fou de faire ça !

– Tu sais on est tous un peu fous !

Dimanche 16 décembre

Que c'est triste un week-end à l'hôpital. Toi, tu ne te forces pas trop, tu dors. Si le coma c'est ça, tu dois récupérer de toute la fatigue accumulée. Il y a peu de personnel dans le service. J'ai pu apprendre que tu es toujours sous sédatifs. Je me suis aperçue que tes paupières bougeaient.

Lundi 17 décembre

Tu as changé de service. Ils t'ont transféré en réanimation chirurgicale. Il s'y dégage presque une ambiance familiale. Une infirmière ne s'occupe que de deux malades. Elle répond à toutes les questions.

– Pourquoi Domi a un sparadrap sur les yeux ?

– Il les ouvre trop souvent et il risque de se dessécher la rétine.

– Quand est-ce qu'il va se réveiller ?

– Tout dépend de la lésion, une semaine, un mois, franchement je ne sais pas.

Je la quitte, l'infirmière m'interpelle.

– Madame, vous avez des enfants ?

– Oui, deux filles.

– Il faudrait nous apporter leurs photos avec leur nom et leur date de naissance, car nous les installerons au-dessus de son lit et lors de sa toilette, nous lui parlerons de vos enfants. C'est important. Il faudrait également lui apporter des cassettes de bruits familiers ou de chansons qu'il affectionne !

Dans ce service, les visites et l'hygiène sont très strictes. Il est prévu uniquement deux visites de vingt minutes chacune. Domi n'a droit qu'à deux visiteurs, uniquement de la famille.

Quand je rentre dans l'hôpital, je dois avertir de mon arrivée l'infirmière du hall d'entrée du service. Je dois me vêtir de surchausses et d'un bonnet, tous deux en papier, et j'enfile également une blouse blanche en tissu. Puis, je dois attendre que vienne me chercher l'infirmière attribuée à Domi. C'est le moment privilégié pour recevoir des avis clairs et professionnels. Dans ce service, toutes les portes sont ouvertes excepté celles des pièces stériles. Dans ta chambre, vous êtes trois. Toi, tu es face à la porte comme un concierge. Tu es vêtu d'une blouse d'hôpital et recouvert seulement d'un drap car tu fais de la fièvre.

Mardi 18 décembre

Tu possèdes une nouveauté. En plus des appareils de contrôle, ce sont des petits sacs de glace pour que ta température baisse m'explique l'infirmière. Je t'ai apporté une cassette de Polnareff que tu écoutais souvent, j'espère qu'il va te réveiller. J'ai rencontré le chef de service qui me dit que le dernier scanner indique que l'hématome cérébral régresse mais que les douleurs sont trop fortes pour envisager l'arrêt des sédatifs. Pourtant, tu sembles dormir calmement, sans souffrance.

Mercredi 19 décembre

Aujourd'hui, il me semble que tu m'entends. Quand je te parle à ta droite, tu tournes la tête, la même chose à gauche. Ils t'ont enlevé le sparadrap sur les yeux, quand je t'ai demandé de lever les paupières, je les ai vues bouger. Alors, réveille-toi, demain !

Jeudi 20 décembre

Tu me déçois. Pas le moindre petit signe, tu n'es plus réceptif à mes demandes, c'est décourageant.

Vendredi 21 décembre

Je suis accompagnée de Jean-Marc, je l'ai présenté comme étant ton frère. Ce n'était pas le jour à l'amener te rendre visite. En effet, j'apprends que tu n'es plus sous calmants. Tu t'agites beaucoup, crispes les bras et ouvres très grand la bouche et essayes de retirer l'appareil respiratoire. Les appareils de contrôle s'affolent, tu as 40,7° de température et 125 pulsations cardiaques par minute. Ton copain est très impressionné, après dix minutes à tes côtés, il sort. Si tu peux, pense à lui qui trait tes vaches matin et soir et remercie ton beau-frère Jacky qui a pris quinze jours de vacances pour te remplacer dans ton travail.

Samedi 22 décembre

Cela fait une semaine que je parcours les couloirs de l'hôpital, et toi, tu dors. L'infirmière me dit que tu ne présentes aucun signe de réveil. Pourtant, je t'ai apporté une cassette où les filles te parlent. J'ai cru percevoir un petit sourire. Ce soir, pour la première fois j'ai été témoin de la manière dont on aspire ta salive. Je suis ressortie du service en pleurs.

Dimanche 23 décembre

Le jour de ton anniversaire, la fête de ta trente-troisième année, je m'en souviendrai comme d'un jour gris, triste. Tu n'as eu aucune réaction à mes stimulations. Je t'ai lu des articles de « La France Agricole », notamment ceux que tu affectionnes. Ils concernent l'élevage et la fiscalité. Je m'efforce de te parler à haute voix chaque fois que je te rends visite, c'est ma manière de te dire que tu es vivant, que j'ai besoin de toi.

Lundi 24 décembre

Excuse-moi, aujourd'hui, j'ai craqué. Je ne suis restée vers toi qu'un quart d'heure. Tout d'abord, en arrivant, je rencontre le chef de service qui me dit : « Le scanner et l'encéphalogramme ont montré que depuis l'arrêt des sédatifs, l'hématome n'a pas régressé. Nous allons remettre votre mari sous calmants, de ce fait n'attendez pas son réveil cette semaine ».

Ensuite, je me rends dans ta chambre et là, je vois que l'on a enlevé le pansement sur ta tête et j'aperçois un crâne totalement rasé à l'image d'un bonze. C'en est trop. Je pars effondrée.

Tous les soirs, je reçois d'innombrables appels téléphoniques de la famille, des amis. C'est dur de répéter toujours les mauvaises nouvelles. Mes parents ont essayé de confectionner un vrai réveillon de Noël. Mais tu manques à la table et les yeux des filles sont remplis de questions.

Mardi 25 décembre

C'est un Noël triste, j'ai de la peine. Pourquoi ça arrive à nous ? C'est injuste. En plus de la douleur morale, bientôt vont se greffer les problèmes matériels, le financement de tes emprunts, la gestion de ton exploitation, ton salaire. Alors dépêche-toi, réveille-toi !

Mercredi 26 décembre

Encore un nouveau changement. Le neurochirurgien a décidé d'arrêter les sédatifs, je n'y comprends plus rien. Ce matin, ils ont effectué une trachéotomie. J'espère que plus tard le trou se refermera complètement, car c'est très impressionnant. Tu es en progrès, tu m'as serré la main et as bougé les lèvres. Ce soir, ta mère m'appelle. Elle a envoyé une photo de toi et six cents francs à une radiesthésiste pour s'entendre dire par téléphone : «Je vais vous expliquer l'accident que vous n'avez pas vu, bien entendu. Votre fils s'est endormi et il a traversé la route». C'est honteux, et cela ne mérite aucun commentaire.

Jeudi 27 décembre

C'est au tour de ton vrai frère de te rendre visite. Face à lui, tu restes inerte. J'ai remarqué que tu bougeais la bouche et l'œil droit.

Vendredi 28 décembre

C'est encourageant, l'infirmière pense que tu suis les ombres des yeux, comme un bébé. Je t'ai apporté une cassette des bruits de la ferme : ronronnements de tracteur, beuglements de taurillons et surtout aboiements de la chienne Rita. A ces bruits, tu ouvres les yeux et tu t'agites tout à coup.

Samedi 29 décembre

Pour ta deuxième semaine à l'hôpital tu as accompli des miracles. Je t'ai fait écouter de nouveau les bruits de la campagne et là, incroyable, tu as levé le bras gauche puis le droit et tu as bougé la jambe gauche !

Dimanche 30 décembre

La journée a mal commencé pour toi. Les infirmiers ont essayé de t'enlever le respirateur artificiel, cela s'est soldé par un échec. Je rencontre le neurochirurgien, ses propos me pétrifient : « Vous savez Madame, vu le peu de progrès que votre mari fait, ne vous attendez pas à son réveil avant des semaines ».

Je rentre triste fêter la nouvelle année. Que c'est dur de sourire. Je me couche tôt et pleure. Il est deux heures du matin lorsque le téléphone retentit. Affolée, je me précipite, décroche et entends une tonalité qui indique que mon correspondant a raccroché. Décontenancée, je rappelle immédiatement le service de réanimation pour prendre de tes nouvelles. La surveillante me rassure et me tranquillise. Je pense au réveillon de demain et voudrais effacer le jour de la saint Sylvestre. Toi, immobile dans ton lit et les autres, un verre à la main, c'est injuste…

Lundi 31 décembre

Tu ne progresses plus et je perds espoir. Cette journée qui devrait être synonyme de bonheur, ne m'apporte que des doutes.

Mardi 1er janvier

Le nouvel an avec son flot de bons vœux : bonne année ! Bonne santé ! Ces mots sont stupides, je les hais. A l'hôpital, tu m'as surprise, tu essayais de retenir ma main avec ton bras droit. Bien sûr, tu ne serrais pas franchement, mais tout ton bras se contractait. Tu as un hoquet violent et constant. La machine qui t'aide à respirer sonne chaque fois que tu ne fais pas l'effort d'inspirer. Elle m'affole car la sonnerie retentit quatre fois sur cinq.

Mercredi 2 janvier

Tu dois m'entendre, car, quand je suis entrée dans la chambre et que je t'ai dit « Bonjour ! », tu as souri et encore plusieurs fois dans l'après-midi. Je suis sûre que tu vas te réveiller bientôt. J'attends.

Jeudi 3 janvier

Tu ne fais aucun effort comme si tu en avais fait trop hier. Pourtant je reste de plus en plus longtemps avec toi. La visite qui devrait durer vingt minutes s'allonge parfois jusqu'à une heure. La surveillante ferme les yeux. Je me pose beaucoup de questions sur ton état à ton réveil. Je me renseigne grâce aux émissions télévisées et j'ai peur. Quand je rencontre ta cousine infirmière dans cet hôpital, je l'interroge mais hélas, elle ne peut que me donner des réponses abstraites. Que tu aies un handicap physique, je l'admettrai mais j'espère que tu retrouveras toutes tes facultés mentales. Les filles me demandent aussi des explications. Hier soir, j'ai entendu Amandine pleurer dans son lit. Je me suis accroupie pour être à sa hauteur et lui ai demandé : « Pourquoi pleures-tu ? »

– Parce que je voudrais voir mon papa !

– A l'hôpital, le docteur ne veut pas, quand il sera réveillé, tu pourras y aller, tu verras ton papa sera bientôt debout.

– Pourquoi, il dort tout le temps !

– Mais oui, il a eu un gros accident.

– Ah !

– Je t'en prie, ne pleure plus, d'accord ?

– Oui.

La petite, les yeux rougis, se blottit contre moi et réprime un sanglot. Je ne peux que penser : pauvre petite Amandine, il est si loin le temps où ton papa te faisait sauter sur ses genoux, chantait et riait.

Vendredi 4 janvier

Je crois que tu prends plaisir à me sourire, moi aussi d'ailleurs. Je suis accompagnée de ton frère et je t'ai apporté une cassette de Coluche. Tu dois entendre et comprendre, car tu as franchement ri deux fois.

Samedi 5 janvier

Trois semaines que tu dors, pour celui qui t'a connu dynamique, c'est impossible. J'ai eu la surprise de te voir assis. Les infirmières t'avaient installé dans un fauteuil, le torse attaché au dossier, les bras sur les accoudoirs, ta tête penchée, tu es avachi, immobile, absent. A te voir, je songe à la paralysie et j'ai peur de ta réaction à ton réveil.

Dimanche 6 janvier

Comme chaque fois en fin de semaine tu te reposes, alors, pas de progrès spectaculaire. Tu restes assis, bouche close, tu parais inébranlable. Dépêche-toi de revivre car je me sens défaillir.

Lundi 7 janvier

Si tu te voyais assis dans ton fauteuil, ça fait peine à voir ! La tête dangereusement penchée à gauche et maintenant tu fronces les sourcils. Pourquoi ?

Il faut que j'arrête de lire des revues médicales car je me fais peur. Imagine, si tu deviens paraplégique ? C'est à dire, ne pas marcher, tu deviendrais fou, si tu restes hémiplégique droit, c'est à dire la moitié du corps paralysée, tu ne pourras plus te servir de ton bras ni pour écrire, ni pour manger et de plus, tu ne parleras plus. Je suis certaine que tous ces handicaps tu ne les accepterais pas.

Mardi 8 janvier

De te voir toujours inerte, je deviens pessimiste. Un infirmier est venu s'asseoir à mes côtés pour me réconforter quelque-peu. « Il ne faut pas vous décourager, car il y a de l'espoir. Je suis sûr que votre mari vous voit mais il ne sera sorti du coma que lorsqu'il pourra communiquer, serrer la main, hocher la tête ».

La cassette de Coluche te fait toujours beaucoup rire, je l'ai arrêtée au cours d'un sketch car je craignais que tu ne t'étouffes.

Mercredi 9 janvier

Tu ne progresses plus. L'infirmière m'a annoncé que bientôt tu vas quitter la réanimation pour le service neurochirurgie. Est-ce une amélioration ? Tu as perdu une dent sur pivot, elle avait été malmenée par le passage d'une canule lors de ton arrivée. Tu ne dois t'en prendre qu'à toi, car tu m'as expliqué que les sucreries, dans ton enfance, t'avaient endommagé toute ta mâchoire. Pour preuve, tu as deux appareils dentaires neufs, des pivots et aucune dent naturelle.

Jeudi 10 janvier

Ai-je bien entendu ? Les bruits de couloirs disent que tu es dans une phase de réveil. Je n'ai pas osé poser de questions de peur d'une réponse défavorable. Je te quitte pleine d'espérance, pourtant tu es comme hier.

Vendredi 11 janvier

Puisque tu es en progrès, je te teste.

– Ferme les paupières !

Et tu le fais. Maintenant plus dur.

– Dis oui avec la bouche !

Par miracle, je vois tes lèvres bouger, mais hélas, aucun son ne sort de ta bouche. Je suis confiante, moins préoccupée que d'habitude.

Samedi 12 janvier

Aujourd'hui, tu ne réponds plus à mes tests. C'est décourageant. Tu fais la tête comme si je t'importunais. Ta cousine infirmière est optimiste.

– Domi se réveille lentement, c'est bon signe, courage Isabelle !

Dimanche 13 janvier

Une douche froide m'est tombée dessus. Je rencontre le neurochirurgien.

– Monsieur, franchement, que pensez-vous de mon mari ?

– Il faudra encore des jours avant son réveil et il y laissera quelques plumes.

Interloquée, je me tais et quitte l'hôpital, triste.

Lundi 14 janvier

Je revois le médecin et lui demande :

– Qu'est-ce que c'est les quelques plumes que devrait laisser mon mari ?

– Peut-être des troubles de la mémoire. Je vous ai dit cela pour que vous vous prépariez à toutes les éventualités.

Alors quand je me suis retrouvée à tes côtés, je t'ai demandé de faire des efforts mais tu ne m'écoutes pas vraiment avec ton air détaché et ta tête penchée…

II
Oui

Mardi 15 janvier

Tu as été transféré en neurochirurgie. Le chef de service dit que tu es dans un coma vigilant. Ils t'ont mis une canule parlante et par deux fois j'ai eu peur que tu ne t'étouffes. Vu le peu d'enthousiasme du personnel pour venir à ton secours, je cours chercher ta cousine infirmière. Arrivée, essoufflée à ton chevet, elle me rassure.

– La nouvelle canule donne peu d'air à Domi, comparée à l'autre et le soir il est beaucoup trop fatigué pour faire l'effort de bien respirer. Ne t'inquiète pas pour cette nuit, je vais rencontrer le médecin pour qu'il s'occupe sérieusement du cousin.

J'entre bien vite dans les habitudes du nouveau service, qui est bien différent de celui de réanimation. Ce n'est plus un visage humain qui m'est montré mais une grande force technologique froide et rêche. Le personnel surchargé de travail n'est plus omniprésent et les familles ne retrouvent pas la convivialité de l'antenne précédente. Les visites sont autorisées de quinze heures trente à dix-neuf heures, les personnes autorisées à voir les malades sont toujours au nombre de deux.

Mercredi 16 janvier

Tu occupes une chambre particulière. La porte de cette pièce est fermée, ce qui m'effraie, car s'il arrivait un problème, les infirmières te verraient-elles à temps ? Ta cousine a de l'influence, en effet ils ont remis une canule identique à la précédente. Autre fait choquant, tu es tout nu, ta blouse remonte le long de ton corps et le visiteur qui m'accompagne découvre ta virilité ce qui me gêne un peu. Mais je pense que c'est la preuve que tu remues beaucoup.

Jeudi 17 janvier

Ton changement, c'est ta voix. Tu articules beaucoup, mais les sons sortent désordonnés et inaudibles. Il faut que mon oreille touche tes lèvres pour entendre un chuchotement.

Vendredi 18 janvier

J'ai pu discuter avec le chef de service. Il va enlever ta canule la semaine prochaine. De plus, aujourd'hui ils ont essayé de te donner à manger à la petite cuillère mais tu n'as pas dégluti. Je t'ai demandé pourquoi tu n'as pas avalé, tu m'as donné pour seule réponse une grimace avec ton nez.

Samedi 19 janvier

Tu es toujours aussi têtu. Ce midi tu as encore un manque d'appétit et tu fais toujours ta mimique de dégoût. Je t'ai appris la mort du neveu du beau-frère, un petit gamin de cinq ans atteint de mucoviscidose. Tu le connaissais un peu mais j'ai été surprise par ta réaction : tu as pleuré. Si j'avais supposé que cette nouvelle te rende si triste, je me serais abstenue de te l'annoncer.

Dimanche 20 janvier

Maintenant, je sais pourquoi tu ne voulais pas avaler les aliments à la cuillère. C'étaient des yaourts et puisque tu n'aimes aucun laitage, tu t'obstinais bouche fermée. J'ai eu l'accord de l'infirmière pour t'apporter des mousses au chocolat et des petits pots de bébé. Je suis toujours à l'écoute de ta voix éteinte, que c'est long...

Lundi 21 janvier

Comme convenu, la mousse au chocolat est là. Et bien sûr, tu la dévores. Si tu pouvais communiquer, ce serait si simple ! A chaque visite, je te demande de dire « oui ». Mais tu hoches la tête.

– Non, pas avec la tête, mais avec les lèvres.

Je me précipite à ta bouche pour entendre un son insignifiant qui ressemble à un « oui ».

Mardi 22 janvier

Ta trachéotomie est enlevée. Vu le peu de renseignements que je peux soutirer du chef de service, je téléphone à notre médecin de famille pour savoir si l'on peut encore parler de coma.

– Pour ma part, un malade qui mange n'est plus dans le coma. Demain, j'irai voir votre mari et je vous donnerai mon avis.

Mercredi 23 janvier

Ouf ! J'ai l'avis de notre docteur.

– Je trouve votre mari bien, je pense qu'il n'est plus dans le coma, il va se réveiller lentement.

Alors Domi, dépêche-toi de parler, je te stimule mais avec si peu de succès !

Jeudi 24 janvier

Penché dans mon fauteuil, je vois arriver Isabelle. Elle m'embrasse.

– Alors, la forme aujourd'hui ?

– Oui.

– Mais tu as dit oui ! Je l'ai entendu, c'est formidable !

Alors là, c'est grave. Ma femme disjoncte, pour moi, dire «oui», ce n'est pas un événement, c'est anodin.

– Redis-le pour voir !

Elle colle son oreille à ma bouche et je souffle d'une voix imperceptible :

– Oui !

– Super, bien sûr, il faut que je me penche pour entendre, mais c'est fantastique !

Tout ce bonheur pour un « oui », il aurait été plus simple de me le demander plus tôt. Je ne sais pas pourquoi, mais vers dix-huit heures, j'ai mal à la tête. Je ne comprends pas pourquoi je suis si faible. Cette rencontre m'a épuisé. Par contre, Isabelle me quitte, heureuse.

Vendredi 25 janvier

J'en ai marre de répéter des oui, alors je lui parle vraiment. Isabelle a dû devenir sourde, car elle approche son oreille de ma bouche... Souvent elle me demande de répéter.

– Domi, je suis accompagnée de ta mère, je lui ai demandé d'attendre pour une surprise, je vais la chercher, quand elle arrivera tu lui diras : « Bonjour maman ! ».

– Oui. Ah là ! Zut, ça recommence !

Ma mère entre. Moi bien obéissant, j'annonce :

– Bon anniversaire !

Isabelle, me questionne sur un accident dont j'aurais été victime. Je n'en garde aucun souvenir. Elle me parle également d'un stage que j'ai dû effectuer mais dont je ne porte pas trace dans ma mémoire. Alors je demande pourquoi toutes ces interrogations. Elle m'explique qu'il y a eu cet accident et c'est la cause de mon hospitalisation.

Samedi 26 janvier

Entre deux transferts, allongé ou assis, j'attends. J'attends ma nourrice que j'adore : c'est ma femme. Elle me donne des petits pots pour bébés et c'est délicieux. Elle me demande tout le temps de parler mais je trouve plus bizarre qu'elle me commande également de bouger les membres.

Dimanche 27 janvier

Isabelle me parle fort et moi, je réponds avec une faible voix :

– Pourquoi tu n'as pas tout mangé la purée à midi ?

– Alors tu m'espionnes ?

– Mais non, c'est l'infirmière que me l'a dit, elle était inquiète.

– Affreux, c'était de la purée de choux-fleurs au fromage.

– Et comme tu es fâché avec le gruyère, je comprends...

Ma tête penche à gauche, alors Isabelle me la prend à deux mains pour la redresser et je lui réplique :

– Je peux tout seul.

Lundi 28 janvier

J'ai pris une grande décision et j'en fait part à ma femme. Avachi, j'annonce :

– Je veux divorcer pour me remarier avec la femme de Jean-Marc. Toi, tu veux bien te retrouver un paysan !

Je ne sais pas si elle m'a comprise, car placide, elle a continué à me donner de la mousse au chocolat. Je devais avaler trop vite, car j'ai éternué et le visage et le chemisier d'Isabelle étaient maculés de taches. C'est un rire suivi d'un air songeur.

– Dis, où est Amandine ?

– Chez ma mère, pourquoi ?

– Elle me manque.

– Ne t'en fais pas, je pense que tu tiens le bon bout.

– J'espère.

– Il est dix-neuf heures, je vais bientôt te quitter.

– Eh bien, bonne nuit !

Mardi 29 janvier

Maintenant, quand Isabelle porte un verre à mes lèvres, je peux boire. Puisque je suis grand, je demande à ma femme de mettre la cuillère de mousse au chocolat dans ma main droite, mais cet essai n'est pas concluant. En effet, le couvert glisse lamentablement entre mes doigts et tombe sur ma blouse.

– Mais tu n'as plus assez de forces, tu es tellement maigre !

Mercredi 30 janvier

Que c'est dur de tenir toujours la tête droite ! La mienne penche inlassablement à gauche. Je dois mieux parler, car maintenant Isabelle comprend presque tout et nous redevenons des complices, comme avant. Elle n'est pas rancunière car elle est accompagnée de la femme de Jean Marc.

– Dis, tu as vu les yeux jaunes de Domi ?

– Jaunes, mais comment ?

– Le blanc, il est jaune !

– Je n'avais pas remarqué, mais tu sais, il y a tellement de choses pour moi qui sont importantes que je ne m'arrête pas à ces petits détails.

– C'est fou tout ce que vous avez subi !

– Tu sais Domi, j'ai parlé avec le chef de service. Tu pars mercredi prochain au centre de rééducation de Vilons. Je me suis renseignée, c'est le meilleur service de réadaptation fonctionnelle de la région. J'espère que là-bas, tu récupéreras très vite. Je te laisserai un peu d'argent, mais pas trop car tu pourrais faire des folies.

– Oui, maman.

– Tu sembles souffrir.

– Oui, j'ai mal à la tête.

– Depuis longtemps ou c'est quand tu fais un effort ?

– Ça m'arrive quand je vais aux W-C

– Mais tu ne vas pas aux W-C !

– Ah bon.

– Tu tiens mieux ta tête.

– C'est parce que je me force tout le temps.

– C'est bien, continue.

Jeudi 31 janvier

Chaque fois que je vois rentrer Isabelle, je souris, je suis très heureux car elle est accompagnée d'un de mes cousins agriculteur.

– Salut collègue.

– Qu'est-ce qu'il dit ?

– Il a dit : « Salut collègue ! ».

– Alors tu as fini de labourer ?

– Il demande si les labours sont terminés !

– Euh, oui.

Après dix minutes de dialogue à trois, mon cousin sort livide.

– Mais qu'est-ce qui lui prend ?

– Ne t'inquiète pas. Mais dis donc, il paraît que tu fais du charme aux infirmières ?

– Ce matin, lors de la toilette, elles me disent : « Montrez-nous comme vous êtes beau ! ». Et moi, je leur ai répondu : « Regardez mon profil, tout le monde sait que je suis le plus beau ! ».

– Oh, je t'aime !

– Dis, on fait un gros câlin ?

– Pas ici.

– Ah, bon…

Vendredi 1er février

Quand je vois entrer ma femme, j'essaie de me redresser sans succès. Alors penché, je lui demande :

– Qu'apportes-tu ?

– Un questionnaire du ministère de l'agriculture.

Mes réponses semblent cohérentes.

– Dis, Jean-Marc voudrait savoir quel produit tu utilises pour vacciner les veaux ?

– « Coroniffa » et « Imocolibov », cinq millimètres cubes sous la peau.

– Chapeau !

– Contrairement à ce que pensent certains, je ne suis pas encore fou !

Samedi 2 février

Visite du chef de service et de son assistant.

– Je suis très étonné de la vitesse de vos progrès.
– Il suffisait de demander…
– Qui est à vos côtés aujourd'hui ?
– La patronne et le beau-frère.
– Pour votre rééducation, je vous envoie bientôt à Vilons.
– Tu sais Domi, ce sera très dur !
– Ne crains rien.
– Tu tiendras le coup ?
– Oui, mais il faudra m'aider.
– Je viendrai te voir tous les jours.
– Mais c'est loin !
– Quatre-vingt-quatre kilomètres aller-retour.

Dimanche 3 février

Isabelle me découvre dénudé.
– Qu'est ce que tu fabriques ?
– C'est madame Lepen, elle m'a demandé mon prénom.
– Mais qu'est-ce que tu as au coude gauche ?
– Quoi ?
– Ben, c'est un hématome tout rouge. Attends, je vais demander à une infirmière.

La réponse est précise.

– Ne vous inquiétez pas, ce n'est qu'une escarre, il suffit qu'un membre soit mal positionné et mal irrigué pendant deux heures et le phénomène se produit, c'est une poche de sang, ce n'est pas douloureux, votre mari en a un au coude et à chaque talon.

Lundi 4 février

Seul, le matin, je me pose des questions. Pourquoi Isabelle me demande toujours de bouger mes membres ? Il est vrai que je me déplace si peu ou plus précisément, on me déplace. Pourtant je sens bien mes bras remuer !

– Tiens, bras droit, lève-toi !

Je sens les muscles se raidir, mais aucun mouvement ne se

crée. Pour le bras gauche, le résultat est identique.

– Jambe droite, lève toi !

Je visualise le geste, mais rien ne se produit, la gauche est tout aussi récalcitrante. De toute évidence, je suis paralysé, para ou tétraplégique, je ne connais pas la signification. Avant, comme un hypocrite, je ne me souciais peu des personnes handicapées et dorénavant c'est mon tour. J'espère qu'à Vilons, les médecins vont réhabiliter toutes les fonctions de mon corps. La médecine française est si forte !

Isabelle me découvre morose, toutes ces questions restent sans réponses.

Mardi 5 février

Journée de déprime. Je pense à ce que je suis devenu et je ne peux m'empêcher de pleurer à chaudes larmes, je sanglote. Même la venue de ma femme, ses gestes et ses paroles réconfortantes n'y peuvent rien. Je suis sourd à toutes ses suppliques. Une grande tristesse lancinante s'installe en moi et tous les sourires bienveillants ne peuvent détruire cet abattement.

Une idée a traversé mes pensées et je l'ai immédiatement chassée. Elle est revenue. Une question, une seule question : est-ce que je peux accepter de vivre bloqué sur un lit, incapable de faire le moindre mouvement ? La réponse m'apparaît nette : non ! Je ne trouve qu'une solution à ce problème : se détruire. Puisque je ne peux pas bouger, il me faut l'aide d'un ami : Jean-Marc ? Il n'acceptera certainement pas cette besogne ! Un membre de ma famille ? C'est impensable. La déception m'envahit de savoir ce projet irréalisable.

III
Un léger réveil

AUJOURD'HUI, C'EST LE GRAND JOUR. Je quitte l'hôpital de Besançon pour le centre de réadaptation fonctionnelle de Vilons. Je fais le voyage allongé dans une ambulance. J'émerge de ténébreux méandres pour arriver dans cette pièce qui sera ma chambre pour de longs mois. Installé au fond du couloir, à droite au quatrième étage, mon environnement est vert. La porte de la pièce s'ouvre vers l'extérieur laissant apparaître à droite un cabinet de toilette. Plus loin, mon lit est entouré de sièges pour les visiteurs. Le médecin qui me reçoit m'explique que pour appeler le personnel, je dois appuyer sur une soucoupe où est dessinée une danseuse : il suffit de peser sur cette gracieuse poupée pour qu'une infirmière intervienne. Mais comment presser dessus ? Couché sur mon lit, je découvre mon nouvel univers, je fixe ce plafond blanc, ces murs vert clair et à ma droite, un petit balcon. De la fenêtre, j'aperçois des fortifications sur un mont, plus bas et face à moi, une imposante église et sur le versant sud d'une colline de petits vergers et des vignobles. Paysage hivernal, la campagne m'offre de grands sarments couverts de givre. A quarante kilomètres de là, Isabelle s'apprête à me rendre visite.

– Maman, tu m'avais promis que tu m'emmènerais voir papa quand il serait à Vilons.

– Oui, Amandine, mais il faut que je sois sûre que papa est bien là-bas. Après, si le docteur veut bien, je t'emmènerai, c'est promis, d'accord.

De grosses larmes roulent sur les joues d'Amandine.

– Oui, mais tu m'avais promis.

L'enfant se sauve et sanglote dans la jupe de la mamie. Troublée, Isabelle quitte l'appartement de ses parents, machinalement elle se retourne et fixe la fenêtre de la cuisine. Amandine la regarde en soulevant le rideau, une main sur la vitre et fond en larmes. Arrivée dans ma chambre, ma femme me trouve morose.

– Alors Domi, comment trouves-tu Vilons ?

– Je ne suis pas à Vilons mais à Saône. Imagine, l'ambulancier est passé à Levier, j'en suis sûr car j'ai vu l'école Saint Joseph où j'ai été au collège pendant quatre ans. Puis ce fou s'est arrêté à Saône où j'ai reconnu la coopérative agricole qui vend du matériel !

– Mais tu es à Vilons !

– Ça y est, tu me prends pour un fou !

– Non, mais je t'assure que tu es à Vilons !

– Parce que toi, depuis Besançon, tu passes par Levier pour aller à Vilons !

– Tu as dû rêver !

Vexé, je m'installe dans le mutisme, mais de courte durée.

– Ta nièce Emilie se demande si tu sais toujours faire des additions.

– Encore une qui me prend pour un fou !

– Calme-toi et prouve lui : huit plus quatre ?

– Douze, et tu lui diras que douze par douze, ça fait cent quarante-quatre.

– Mais calme-toi ! Dix fois dix.

– Chocolat. Là tu vois, je déraille !

– Grand fou !

En m'énervant, j'ai la voix plus rauque.

– Qu'as-tu, tu entends ta voix ?

– Ce n'est rien, j'ai un biquet dans la gorge.

– Non habituellement, on dit, j'ai un chat.

– Tu sais moi, le patois, je ne le connais pas...

Le sept février, je me souviens, c'est la date porte bonheur d'Isabelle. Pourtant, la neige s'est mise à tomber. Ma femme arrive avec ma sœur, les yeux rouges.

– Que se passe-t-il ?

– Oh rien ! Je te le dirai plus tard !

– Bon, puisque vous voulez garder votre secret, je ne vous montrerai pas mes progrès.

Elles me supplient et je cède. Mon bras droit en tremblotant se soulève à dix centimètres au-dessus du lit.

Enfin, je n'ai plus de sonde nasale. Je ressemble de plus en plus à un malade ordinaire.

Quand je vois Isabelle franchir le seuil de la porte, je sais que son moral est au plus bas.

– Pourquoi cette triste mine ?

– Rien de bien grave, j'ai craqué au boulot, ma chef m'a installée dans son bureau et des amies m'ont réconfortée.

– Mais pourquoi tu déprimes ? Déjà hier.

– Je te promets de te le dire plus tard.

– Ça me concerne ?

– Pas maintenant, n'insiste pas, tu le sauras un jour prochain.

– Cachottière !

– Tu sais, Domi les infirmières m'ont demandé les photos des filles.

– Des filles ? Mais nous n'en avons qu'une, Amandine.

– Et Maëlle, tu oublies la plus petite, nous allons fêter ses deux ans le vingt-cinq février.

– Ah ! T'es sûre ?

Tu verras, tu la reconnaîtras quand je t'apporterai sa photo demain.

Le lendemain, sitôt ma femme arrivée je lui demande les photos de nos filles. Sur la première, je reconnais immédiatement Amandine, par contre sur la deuxième, je vois un gros bébé joufflu, les yeux malins, mais c'est terrible, je ne la reconnais pas !

Isabelle me donne à souper à la petite cuillère.

– Il neige beaucoup et c'est de plus en plus difficile de rouler.

– Ne te plains pas, tu n'es pas clouée dans un lit !

– Fais attention, tiens ta tête droite !

– Ne t'énerve pas.

Je me rends compte de mes faiblesses, j'ai peur d'admettre ce que je suis devenu et je pleure. Après le repas, nous regardons la télévision. Assis dans mon fauteuil, ma tête penche dangereusement. Aussi, ma femme s'assoit à mes côtés et avec sa tête, soutient la mienne.

Je sers de cobaye, car une infirmière vient montrer à une stagiaire comment faire les transferts.

– C'est simple, pour le passage du lit au fauteuil, tu places les jambes du malade pendantes en dehors des couvertures, tu fais bien attention qu'il se cramponne de son bras valide au dossier du lit. Tu places le siège perpendiculairement au patient. Tu portes ses bras autour de ton cou. Tu mets les tiens sous ses épaules. Tu plies les genoux, ce n'est pas le dos qui doit soulever le corps mais tes jambes. Quand le malade est décollé des draps, tu fais un quart de tour et tu le déposes délicatement dans son fauteuil. Pour le transfert chaise-lit, même principe mais c'est plus fatiguant car souvent le matelas est plus élevé que le siège.

Je me laisse bercer dans les bras des deux jeunes filles. J'accueille Isabelle, assis dans mon fauteuil. Je bande tous mes muscles pour avoir l'air normal.

– Alors que penses-tu de ma position ?

– Ta tête est moins penchée, mais tu baves toujours. Par contre j'ai remarqué que tu soulevais un peu ta jambe gauche et beaucoup la droite. C'est bien.

– Bof.

– Tu sais le voisin de ma sœur, il est acupuncteur.

– Peut-être, pourquoi ?

– Il connaît un kiné qui a quitté le centre à cause des rapports houleux qu'il entretenait avec Mornaz, le chef de l'établissement.

– Tu vois il n'y a pas que moi qui ne peux pas le souffrir !

– De plus il a dit qu'en Chine on injecte un produit aux malades qui sont dans le coma pour qu'ils se réveillent plus vite.

– Pourquoi tu me dis ça ?

– Mais parce que tu as été dans le coma, tu ne t'en souviens pas ?

– Non, et combien de temps ?

– Cinq semaines.

– Mais on est le combien ?

– Le 11 février.

– Février déjà !

– Eh oui !

– Mais comment le coma est arrivé ?

– Jean-Marc suppose que comme d'habitude en faisant la litière tu as grimpé sur le chargeur du tracteur pour couper les ficelles de la botte ronde et de là, tu es tombé sur la tête, trois mètres plus bas puisqu'on t'a retrouvé assis par terre.

– Alors sitôt tombé, j'étais dans le coma.

– Non tu es remonté chez nous, et c'est vingt minutes plus tard que tu as sombré. Mais tu ne te souviens de rien ?

– Non.

– C'est fou ça !

Les couloirs du centre n'ont plus de secrets pour moi. Tous les matins une aide soignante pousse mon fauteuil roulant en direction des différents services de rééducation : ergo, kiné, ortho. A midi, je reviens dans ma chambre où une infirmière me donne à manger des aliments moulinés.

– Le petit bébé pourrait essayer de manger seul ?

– Pourquoi pas ? Tiens, donne la cuillère !

La femme place le couvert dans ma main droite. Je crispe mon bras pour arriver à l'assiette. Avec l'aide de l'infirmière, je remplis l'ustensile puis son contenu tombe lamentablement sur mes vêtements.

Le téléphone sonne. Isabelle décroche, parle, puis me tend le combiné.

– C'est ta fille...

– Allô papa ?

– Amandine, c'est gentil de m'appeler.

– Allô, allô !

– Arrête de dire « allô » et parle-moi !

– Allô, je ne te comprends pas.

Et j'entends la communication se couper.

– Elle a dit qu'elle ne m'entendait pas.

– Tu sais, ta voix est bien faible, mais courage, elle s'améliore de jour en jour.

– Je me fatigue d'attendre.

– Tu sais Domi, il faut que tu te dépêches de sortir car ils m'ont dit qu'ils avaient besoin de la place.

– Il faut que je fasse attention, ils seraient bien capables de me prendre le fauteuil...

– On va faire un tour dans le centre.

– Allons-y pour le tour du propriétaire.

– C'est la nouvelle route de Besançon ?

– Arrête de faire l'imbécile, tu vois bien que c'est un couloir !

– Pour une trois voies, ce n'est pas large, il font de drôles de nationales maintenant !

– S'il te plait, Domi !

– Bon, je me tais puisque l'on veut pas m'écouter...

Isabelle m'a prévenu, les filles viennent me rendre visite. On frappe à la porte.

– Entrez !

Elles entrent tout intimidées, la petite aux bras potelés et aux yeux malins suivie de la plus grande : Amandine. La journée est délicieuse, Maëlle la petite inconnue est gracieuse. J'essaie de paraître le plus normal possible. Elles me quittent avec les beaux-parents trop tôt... Je me suis fâché lorsque les petites jouaient avec le fauteuil roulant, l'une poussant l'autre assise, elles riaient aux éclats.

– Arrêtez, ce n'est vraiment pas drôle de s'amuser avec ça !

Après leur départ, j'examine le dessin qu'Amandine m'a apporté.

– C'est sympa, mais c'est plutôt brouillon !

– Là, tu n'es pas gentil.

Pour toute réponse, je pleure. Isabelle tente de me consoler en vain.

Pendant ce temps, les deux petites sont sur le chemin du retour, elles sont muettes.

– Alors les filles, on ne vous entend pas, vous n'êtes pas contentes d'avoir vu votre papa ?

– Tu sais mamie, je n'ai plus de papa !

– Qu'est ce que tu dis Amandine ? Et pourquoi, tu n'aurais plus de papa ?

– Il n'est plus comme avant, il ne rigole plus, il ne bouge plus, il ne joue plus avec nous !

– Mais tu verras, bientôt il sera comme avant, tu sais il a eu un gros accident, mais ne dis pas que tu n'as plus de papa, car il ne serait vraiment pas content.

– **S**alut Domi !

– Salut Isabelle !

– Je viens de rencontrer le docteur Mornaz, il était glacial. Il m'a dit que tu ne faisais guère de progrès, simplement que tu levais un peu le bras droit comme pour serrer la main et de plus que tu avais beaucoup le cafard après le départ des filles. Je lui ai rétorqué que tu étais triste chaque fois que je partais et que ce n'était pas spécifique aux filles.

Isabelle est venue avec ma cousine infirmière. Je les vois qui discutent à voix basse à l'écart :

– Tu sais, il faut que tu te forces à appeler les infirmières pour évacuer les selles.

– Comment lui dire, il se gêne.

Quand l'aide soignante est venue faire ma toilette, elle m'a trouvé assis sur le bord du lit, les jambes pendantes.

– Mais que faites-vous ?

– Vous voyez bien, je me lève.

– Pour tomber, oui !

– Bon, je me recouche, je me demande alors à quoi sert l'ouverture des lumières.

Inexplicablement, je suis fatigué. C'est au lit qu'Isabelle me découvre. Je n'ai pas le moral, en égoïste, je ne me soucie jamais de ce que pense et endure ma femme. Dorénavant, je m'appliquerai à le faire. Une sonnerie retentit.

– C'est peut-être les filles ?

– Je ne sais pas.

Mon épouse décroche et me tient le combiné proche de l'oreille.

– Allô !

– Bonjour Domi.

– Salut belle-sœur.

– Mais tu peux tenir un téléphone !

– Mais qu'est-ce que tu crois, je peux soulever l'appareil !

– Isabelle est près de toi ?

– Bien sûr, et sais-tu qu'elle est jalouse ?

– Que lui as-tu encore fait ?

– Rien, mais elle a trouvé le pull de la veilleuse de nuit dans ma chambre…

– Elle a raison d'être fâchée.

Oui, mais moi, pourtant je l'aime.

Ce soir, c'est l'euphorie. Elle arrive avec deux cousins paysans et à ma grande surprise, le vétérinaire. Nous passons ensemble deux heures admirables à discuter d'agriculture, d'élevage, de chasse. Nous plaisantons beaucoup. Ma femme me sourit mais elle s'inquiète car quand je ris, je suffoque de plaisir et Isabelle a peur que je ne m'étouffe. Cette rencontre fut très agréable et je remercie particulièrement le véto.

Première sortie à l'extérieur du centre. Nous prenons, Isabelle et moi, l'ascenseur et je lui fais la visite guidée de l'établissement. C'est un bâtiment moderne avec, au rez-de-chaussée, tous les services de rééducation, un hall, un secrétariat, le bureau du directeur, un atelier d'entretien et une piscine. Au premier étage, la salle des repas mais aussi une bibliothèque et une pièce pour regarder la télévision. Au deuxième niveau, des chambres uniquement pour les patients pouvant se déplacer seuls. Les troisième et quatrième étages sont occupés par des malades ayant des problèmes moteurs nécessitant l'emploi d'un fauteuil roulant et le cinquième étage est un appartement privé. Le toit plonge jusqu'au quatrième et chaque chambre possède une porte-fenêtre et un balcon. Sortant du hall, passé le sas d'entrée, nous avons le choix entre les escaliers, ou un plan incliné pour les chariots. Si l'on regarde en face, on aperçoit un parking et un parc situés en contrebas d'une route où l'on découvre une circulation très dense. A ma gauche, un bâtiment imposant renfermant un cabinet dentaire, à ma droite, la maison thermale de Vilons. Si l'on contourne le centre de rééducation par la droite, un bâtiment s'impose à notre vue. Cette grosse bâtisse renferme une église que l'on nomme : l'Espérance. Accolé à elle, un espace vert avec en son milieu une allée en pente douce qui nous emmène vers les sous-sols du centre où se trouvent les salles de sport. Les pièces de ce niveau, je ne les ai jamais fréquentées. Si l'on poursuit l'allée extérieure, on découvre les rives de la Ridouffe, petit torrent canalisé dans un couloir de béton. Ce ru souvent déchaîné traverse toute la ville. De ce côté-ci, on aperçoit une jolie façade du centre. De l'autre côté de la Ridouffe, on peut admirer les terrains abrupts des riverains. Vergers et vignes m'indiqueront l'avancée de la saison que nous traverserons. Si l'on contourne le centre par la gauche, la rue descend rapidement. En tournant une nouvelle fois à gauche, on pénètre sur un parking inhumain, couvert de graviers jusqu'au bord de la Ridouffe que l'on entend gronder. Face à nous, imposant, sans aucune ouverture, le béton nu, on découvre un autre centre, gris et froid.

Nous profitons du soleil qui resplendit, alors c'est une nouvelle sortie en direction de la Ridouffe. Sur le versant opposé, j'envie les hommes qui se démènent dans leur jardin.

– Tu sais Isabelle, il vaudrait mieux que je ne les voie pas. Tout le travail qu'ils font, ça me donne mal au cœur.

– Mais sois patient, je te promets que tu pourras bosser un jour. Dans ton malheur, tu as de la chance d'avoir Jean-Marc pour faire ton boulot.

– Et le troisième associé ?

– Qui c'est celui-là ?

– Mais tu sais bien, il habite à droite, après le Trou au loup.

– Alors à Fontain ?

– Oui, c'est ça, et il possède une dessileuse.

– Tu dois te tromper, avant il n'était question d'une association qu'entre Jean-Marc et toi.

– Mais oui, c'est ça, je sais, on me prend pour un fou, un taré, on ne veut jamais me croire, tiens, ce matin, j'ai pris un bain, mais bien sûr, ce n'est pas vrai !

– Comment as-tu fait ?

– Eh bien, deux infirmières sont venues, m'ont pris sous les jambes et sous les bras, m'ont installé sur un lit roulant, m'ont conduit au bout du couloir dans la salle de bain, m'ont transféré dans la baignoire et là, c'était délicieux. Tu imagines, le premier bain depuis plusieurs semaines, je ne sais plus, c'était super ! Le seul problème, c'était pour me sortir de l'eau, je ne pouvais pas les aider et j'ai remarqué qu'elles peinaient. Alors là, tu me crois ?

– Oui, car tu as une telle intonation de voix, je suis sûre que te ne mens pas et tes yeux prouvent que tu es heureux.

Aujourd'hui, c'est l'anniversaire de Maëlle. La petite fête ses deux ans. Ma femme, attentionnée, m'a apporté mon gâteau préféré : une forêt noire. Je savoure cette excellente pâtisserie qu'Isabelle me donne à la cuillère, lorsqu'un morceau de chocolat s'engouffre dans ma ceinture.

– S'il te plaît, ramasse le. Il ne faut pas laisser perdre une gourmandise si précieuse.

Ma femme soulève l'élastique du pantalon de jogging et je vois une masse bleutée qui m'entoure.

– Mais, qu'est-ce que c'est que ça ?

– Mais c'est une couche.

– Des couches ? Comme les gosses ?

– Oui tu ne t'es pas encore aperçu que l'on t'en mettait ?

– Non, c'est rare, que je pose des questions, mais c'est affreux.

Et je sanglote jusqu'au soir. Jusqu'à la fermeture des lumières, je pleure. Je me demande jusqu'où j'irai dans la dépendance, dans la déchéance. Combien de temps aurai-je à supporter ces faits avilissants ? Tout mon sommeil sera hanté par des cauchemars. Accepter, c'est le verbe clé de la subordination. L'homme n'y est pas préparé, heureusement. Il subit des situations ou des gestes dégradants mais ne les admet certainement pas.

Je me méprise. Je hais les personnes qui ordonnent de tels actes si peu appréciables.

Le lendemain, je suis toujours troublé. Ma mère et ma sœur me trouvent avachi dans le fauteuil, râlant, prêt à tomber. Je n'ai pas la force de redresser mon torse, bras ballants, tête penchée, bouche ouverte, je bave. Elles m'installent dans une position plus académique, j'accueille Isabelle.

– Tu as vu, j'ai changé de chambre, mais regarde ce bordel, des tables et des chaises qui encombrent l'entrée, de plus, ils ont eu la mauvaise idée de faire un plan incliné pour arriver à mon lit et c'est pour ça que j'ai failli tomber de mon fauteuil. J'ai appelé mon voisin, mais il ne m'a pas répondu.

– Mais, Domi, tu es toujours dans la même chambre, et tout seul !

– Ha, ne recommence pas à me prendre pour un fou !

– Mais non !

– Et tu sais que j'ai fait des progrès ! Tiens regarde mon pied droit, je peux bouger les orteils depuis ce matin !

– C'est bien, garde courage.

– Tiens, maman, puisque tu es là, dis à Isabelle combien le troisième associé possède de poules.

– Un troisième associé ? Des poules ? Tu es sûr ?

– T'inquiète pas, j'ai compris, vous vous liguez tous contre moi, pour me rendre débile !

Les jours se suivent et ne se ressemblent pas. Je suis calme, je ne dis pas de sottises. J'ai la visite d'Isabelle, du beau-frère et de deux cousins. On rit de tout, dans ces moments là, je suis heureux, je ne pense plus à ma dépendance, à ma nouvelle chambre, ni au troisième associé. Amandine est venue en soirée pour son anniversaire mais pas de gâteau à Vilons pour ses cinq ans. Ma femme refuse de recommencer la mésaventure des couches.

Isabelle est heureuse. Elle m'a demandé de faire des gestes impossibles à effectuer auparavant.

– Soulève ta tête ! Ta nuque droite ! Redresse ton corps ! Il est vrai que je fais de petits progrès constamment, mais il reste tant à faire quand on pense que je ne peux pas commander mes bras pour me nourrir !

A midi, une infirmière m'alimente à la cuillère en discutant des faits qui m'intéressent.

– Dans ta ferme, qu'est-ce que tu faisais ?

– De la saucisse de poules.

– De la saucisse de poules ? Ça existe ?

– Mais bien sûr, il faut sortir de chez toi ! J'avais trois mille poules. Quand elles ne faisaient plus d'œufs, je les tuais et je les transformais en saucisses.

– Mais ça devait être gras.

– Tu rigoles, c'est plein de protéines et de vitamines nécessaires à l'organisme. Une récente analyse vous informe qu'il y a très peu de lipides, donc pas de graisses et ça possède un goût extra.

– Mais je n'en ai jamais trouvé en supermarché !

– Moi, j'avais un contrat avec « Casino », mais tu sais, Vilons, c'est paumé.

– Alors là, tu m'épates. De la saucisse de poules !

Puis elle me quitte, allant questionner ses collègues, qui comme elle, sont très étonnées.

Encore un dimanche passé dans cette chambre sans âme. J'ai l'impression d'avoir toujours vécu dans ses murs verts. Que c'est long ! Heureusement, Isabelle arrive, je la trouve bizarre. Je sens qu'elle n'ose pas me parler, qu'elle me cache quelque chose.

– Allez, dis-moi, qu'est ce qui ne va pas ?

– Je m'en veux de ne pas te l'avoir dit plus tôt, mais hier soir j'étais au mariage de Catherine et de Jean-Marc.

– C'est bête, c'est la première fête qui est si calme pour moi, je suppose qu'il y avait le gang des rigolos ? Manu et sa clique !

– Oh, tu sais moi, de te savoir là, je n'avais pas envie de rire.

J'essaie, sans succès, d'essuyer une larme qui perle sur sa joue.

– Il ne faut pas te mettre dans cet état là ! Comme tu m'as expliqué l'accident. Je sais que c'est de ma faute, une connerie pour aller plus vite. Je te demande pardon pour tout le mal que je t'ai déjà fait et tout ce que tu as dû endurer. Alors, s'il te plaît ne pleure plus.

Aujourd'hui, Isabelle m'a amené en fauteuil roulant chez le dentiste situé en face du centre. Ma femme peine en me poussant dans la rue qui monte. Elle me déplace de toutes ses forces et soulève le devant de l'appareil pour passer le seuil puis fait l'inverse en élevant légèrement les roues de derrière où repose tout le poids de mon corps.

J'ai des problèmes avec l'appareil dentaire du haut, qui ne tient pas, puisque à l'hôpital de Besançon, les médecins m'ont enlevé une dent sur pivot pour passer une canule. Donc, le praticien va essayer de trouver une solution à mon problème. Au retour, l'infirmière Christine nous apostrophe.

– Bonjour ! Alors ces dents ?

– Le dentiste nous a donné de la colle pour que les appareils tiennent en attendant qu'il en fasse un autre.

– Ah ! Isabelle, il faut que je te demande. L'autre jour, Dominique m'a dit que dans sa ferme, il faisait de la saucisse de poules. J'ai demandé à mes collègues, certaines m'ont ri au nez, d'autres ont été surprises et avouent ne pas connaître l'existence de ce produit. D'autre part, j'ai cherché dans les supermarchés de la ville et je n'en ai pas trouvé.

– Tu as dis de la saucisse de poules ?

– Oui.

– Dis, Domi, où élèves-tu tes poules et qui fait les saucisses ?

– Eh bien, chez le troisième associé !

– Mais tu n'as pas de troisième associé !

– Demande à Jean-Marc si ce n'est pas vrai !

On reprend le chemin du retour et j'entends parler Isabelle à voix basse.

– Tu sais, Christine, il a encore souvent des pertes de mémoire comme celle-ci.

– Pourtant, il m'a même donné la composition de sa saucisse ! Mais, ne t'inquiète pas, les souvenirs illogiques sont fréquents et normaux vu le choc important qu'il a subi.

– Je sais, mais souvent cela m'effraie.

– Parce que je vous fais peur, c'est pour cela que vous faites des messes basses ? C'est sympa, je vous remercie mesdames !

Face à mon agressivité, les deux femmes se taisent.

Nous avons une visite surprise, celle des jeunes mariés qui m'offrent un cadeau qui me fait très plaisir : c'est le bouquet de la mariée.

– Ça, c'est super sympa !

– Ce qui est moins sympa, c'est que l'on t'a caché ce mariage.

– Que voulais-tu que je fasse, que je vous en veuille, c'est débile ! Mais alors, je suppose que dans la bonne vieille tradition familiale, vous avez fêté la semaine dernière, la vie de garçon et la vie de jeune fille, n'est-ce pas ?

– Bien sûr, on a fait aussi fort que pour celle de Dédé, mais comme toujours, tu sais, les filles ne nous ont rien dit !

– Mais tout comme vous, mon cher ! répond ma cousine.

– Eh, stop ! Mariés depuis peu, vous n'allez tout de même pas vous disputer !

– Mais non rassure-toi, on plaisante.

– Ah bon ! Tiens Catherine, ce matin je suis allée chez Maudou ! Tu connais ?

– Ah, oui, ce sont des amis à mes grands-parents. Pourquoi Isabelle ?

– C'est ta sœur qui leur a parlé de nous et comme ils habitent à trois cents mètres du centre, ils ont gentiment proposé de m'héberger tous les week-ends. Je suis allée visiter les deux pièces indépendantes qu'ils me laissent, c'est super génial et tellement gentil de leur part ! Dorénavant, je serai tous les samedis et tous les dimanches entiers auprès de Dominique.

– Tu vois, c'est maintenant, depuis mon accident, que j'apprécie la bonté des gens.

Isabelle a emmené Amandine chez le médecin, car la petite fille attrapait des boutons en forme de brûlures. Le docteur lui a annoncé que cela provenait certainement des soucis dus à mon hospitalisation. Je me culpabilise de faire du mal à un si petit enfant, à ma fille, si douce, si timide. Elle ne mérite vraiment pas cela.

Maintenant, je suis le cobaye. Ma femme me demande de faire les mêmes mouvements chaque jour, et là, elle voit mes progrès, bénins, timides, mais si importants !

– Bouge tes orteils du pied gauche, soulève ton buste, ta tête bien droite, essaie de lever le pied droit !

A chaque fois que je réussis, son sourire me réconforte. Souvent, j'estime ses ordres débiles. Bouge tes orteils ! Pour le commun des mortels, c'est très simple, tandis que pour moi, il faut que je dise au cerveau de bouger les doigts de pieds et, ce qui est moins évident, que l'ordre émis arrive jusqu'à destination. Par exemple, quand j'ordonne à mon pied gauche de se lever il n'y a aucune réaction, l'ordre n'a pas été transmis.

Je peux compter sur la famille. Il y a une semaine, j'avais demandé à une cousine d'acheter, à ma place, un déshabillé pour l'anniversaire de mon épouse.

Aujourd'hui, elle arrive, ponctuelle, avec un body pour Isabelle. Tout le monde est heureux.

Départ à nouveau chez le dentiste qui ne fait que resserrer les crochets des appareils. C'est plus simple qu'il n'y paraissait.

Il y a des jours où je tiens la super forme et le moral est omniprésent ; tandis que parfois rien ne va. Cet après-midi je me suis mal réveillé de ma sieste quotidienne, je me croyais le matin.

– Tu n'es pas venue me voir hier !

– Pour toi, hier, c'était ce matin. Pareil, la nuit c'était ta sieste, répond Isabelle.

– Dorénavant, il faudra m'apporter un calendrier et cocher les jours où tu viens.

– Je vois que la confiance règne.

– Non, c'est pour mieux me rendre compte du jour que nous sommes.

Pendant plus de deux heures mes propos sont incohérents. Exaspérée, Isabelle me répond sèchement. Pour toute réponse, je pleure. J'en ai marre de la durée, de ma dépendance, du manque de progrès, je me sens diminué physiquement, moralement, rien ne va, et au moindre geste, à la moindre parole déplacée à mon égard, pour toute force, pour tout rejet, je sanglote comme un enfant.

Quel homme suis-je devenu ?

Pourtant je devrais être heureux. Pour la première fois ma femme a dormi à Vilons, mais avec les enfants elle n'a pas obtenu le temps nécessaire pour venir samedi matin. L'après-midi, elle arrive très tôt. C'est vraiment beaucoup mieux pour nous deux.

Par contre, ce dimanche commence mal. Isabelle arrive à dix heures. En ouvrant la porte elle est repoussée par une odeur nauséabonde. Ma grande sœur est là avec toute sa famille. Elle a été obligée de m'enlever la bassine qu'une aide soignante m'avait mise après m'avoir ôté la couche de la nuit. Je ne suis ni lavé, ni habillé, j'ai bavé et mon tee-shirt est maculé des restes du petit déjeuner. Mon épouse est excédée, elle rencontre le docteur Mornaz qui est de garde ce week-end.

– C'est intolérable. Il est dix heures, mon mari était encore sur la bassine, sa toilette n'est pas effectuée. Pourquoi?

– Madame, c'est un week-end, il faut faire avec le service minimum.

Mon petit neveu âgé de dix ans, m'apporte un dessin encadré qui représente trois moineaux sur une branche. Ma femme le fixe au mur face à mon lit à côté du calendrier que je lui avais demandé. D'autre part, ma sœur qui connaît ma gourmandise me donne des chocolats fins que l'on dépose dans la table de chevet. Dans la soirée nous sommes enfin seuls. Assise au bord du lit, Isabelle discute avec moi.

– Eh bien, moi, je vois sur le visage de mon amour, que ça ne va pas fort.

– En effet, répond Isabelle, pour ne rien te cacher, j'ai fait une crise d'hypoglycémie.

– Qu'est-ce que c'est que ça ?

– Tout simplement je brûle mes sucres trop vite.

– Cela provient de quoi ?

– J'ai demandé au médecin, mais tu sais, comme toujours, ils répondent à côté de la question !

– C'est moi qui te donne des soucis !

– Mais non, qu'est-ce que tu vas chercher là !

Encore un lundi où l'on m'a changé de chambre. Je vois les sièges et les tables obstruant l'entrée, le plan incliné pour monter à mon lit. J'entends mon voisin, compagnon d'infortune qui semble coincé dans les chaises. Moi-même ulcéré par ce changement imprévu, je me coince les bras dans mon fauteuil de malheur. Pour essayer de me dégager je me penche en avant. C'est comme ça qu'Isabelle me trouve à son arrivée. Avachi, bavant, la tête dans les épaules.

– Mais qu'as-tu encore fait ?

– Moi ? Rien ! Mais ce sont eux ! Tu as vu ce qu'ils ont fait, ils m'ont changé à nouveau de chambre.

– Mais c'est encore la même !

– Ah, toi aussi, tu veux me rendre fou !

– Dis pas ça ! Tu sais que je t'aime et as-tu vu qui m'accompagne ?

– Oui, monsieur et madame Frachi.

– Je te fais remarquer que tu ne leur as pas dit bonjour, et que cela t'arrive souvent d'oublier.

– Oui maman, bonjour madame et monsieur Frachi ! Veuillez m'excuser de mon impolitesse.

– Pas la peine d'en rajouter !

– Je n'en dirais pas plus. Un malade mental que l'on fait passer pour un débile !

– Dis bonjour, dis bonjour ! Mais je dis bonjour !

Aujourd'hui, changement de régime : mes aliments ne seront plus moulinés, mais hachés.

– Bonjour Namour !

– Salut, comment vas-tu ?

– Mieux qu'hier, je ne mange plus de bouillies, donc on ne me considère plus comme un petit bébé. Et en plus, regarde mon bras droit !

Je fais un effort surhumain pour soulever mon coude droit. Mais quelle satisfaction d'apercevoir un progrès minime !

Il est difficile d'imaginer la joie que l'on ressent quand on voit ses muscles, ses membres se dénouer. Ce geste si simple est une source de bonheur pour ma femme et moi.

Par contre, le lendemain est un jour sans. Toujours dépendant pour mes déplacements, je vois l'heure de rééducation, notamment la kinésithérapie, arriver et pas la moindre infirmière en vue pour pousser mon chariot. Je les appelle par le biais de ma sonnette électrique : pas de réponse. Je passe mon heure de manipulation dans ma chambre, assis dans mon fauteuil que je méprise, car mon obsession actuelle c'est de marcher ne serait-ce que quelques pas, mais surtout, retrouver la sensation de se déplacer debout, sur ses jambes.

Isabelle me parle d'un jeune hospitalisé à Vilons qui a été victime d'un accident de moto. Nous parlons de motos, des jeunes qui aiment cette mécanique, de leur famille qui souffre, de l'inégalité dans la vie et enfin de la chance toute relative que j'ai eu de me réveiller du coma avec des séquelles certes, mais que nous espérons éphémères.

Attendre, accepter, subir la dépendance est le fléau de l'invalide, l'enfer du handicapé. J'estime que n'être pas resté tétraplégique est un heureux hasard. Parfois, je vois s'envoler mon espérance de tout récupérer. Le doute s'installe, la joie fait place à la tristesse…

Voici exactement trois mois que je m'incruste dans le milieu hospitalier. Certes, celui qui m'a connu actif et qui me découvre à Vilons peut être interloqué. Dépendant pour tout, la toilette, l'habillage, les repas, les déplacements, je souffre de me savoir obligé d'accepter ces personnes pour pallier à mes handicaps. Ma famille voit mes progrès bénins, mais présents. Je n'ai plus aucun appareil d'aide à la réanimation. Je garde des preuves d'une hospitalisation : la marque de la trachéotomie à la gorge, les escarres aux coudes et des cicatrices sur le cuir chevelu. Mais, d'autre part, je bois quand on porte un verre à mes lèvres, je mange des aliments hachés, hélas il faut qu'une personne me les donne à la cuillère.

Seule ombre au tableau, j'ai encore besoin de couches. C'est l'événement le plus dégradant dont j'ai eu jusqu'ici à souffrir.

Une journée au centre de rééducation

7 h. – Au réveil, l'infirmière passe dans toutes les chambres, ouvre la lumière et s'enquiert de notre moral.

7 h 30. – Petit déjeuner. On m'installe dans un fauteuil, une petite table de malade devant moi, l'infirmière ou l'aide soignante apporte mon repas : Thé, pain, confitures. Elle me donne de petits morceaux d'aliments puis le thé. Quand je consommais mouliné, le pain était broyé dans le thé.

8 h. – Vient le plus astreignant. On m'enlève la couche de la nuit et me place sur une bassine. Un quart d'heure plus tard, toilette. L'ergothérapeute m'explique comment me laver le corps, me brosser les dents, me raser, mais pour l'instant, vu l'immobilité de mes bras, cette femme me lave complètement, puis l'on me dispose une nouvelle couche. Enfin elle m'habille tout en développant sa théorie qui consiste à faire les gestes appropriés pour remédier à mes infirmités.

9 h 30. – Visite du médecin chef, le docteur Mornaz, suivi de son assistant, le docteur Decalbe qui questionne souvent l'ergothérapeute, encore là, sur mon état général. Ils peuvent apprécier mes maigres progrès quotidiennement.

10 h. – J'attends dans le fauteuil roulant que le personnel me dirige vers les spécialistes de la rééducation : l'orthophoniste qui travaille la récupération de ma voix, de l'intelligence, de la logique. L'ergothérapeute qui s'occupe du travail de mes mains et aussi de mon équilibre. Le kinésithérapeute qui masse, étend, maintient les membres dans une forme physique pour qu'ils fonctionnent le mieux possible, ultérieurement. Ces trois corps de spécialistes sont primordiaux pour une récupération efficace.

Journellement, la durée des différents travaux s'élève à deux heures : une demi-heure, orthophonie, une demi-heure ergothérapie et une heure kinésithérapie.

12 h. – Déjeuner. De retour dans ma chambre, on m'installe devant la petite table pour le repas qu'une infirmière me donne. C'est le moment privilégié pour discuter de tout, excepté de l'hospitalisation.

Je ne peux rien faire : on m'administre aliments et boisson comme à un oisillon. Puisque je suis très difficile, il y a des jours où je mange très peu…

13 h. – Sieste. Depuis mon arrivée, après le déjeuner, on m'installe pour la sieste. Délicieux moment de repos car le moindre effort physique dispensé dans la matinée se fait sentir l'après-midi. Il arrive parfois que je me réveille perdu en plein délire, mais je pense qu'une solide récupération est le passage obligé pour un bon rétablissement. C'est lors de ce repos qu'une infirmière me pique quotidiennement dans le ventre contre la phlébite.

14 h. – S'il y a des jours où je n'ai pas effectué tous les travaux de rééducation, une infirmière vient me chercher et m'emmène soit en kiné, ergo ou ortho.

16 h. – Visite d'Isabelle que j'attends avec impatience. C'est à ce moment que je décompresse. Pendant un court instant je ne pense plus à mon handicap, je suis heureux de voir les têtes familières qui accompagnent ma femme. Jamais, je n'oublierai Sylvie pour ses appels téléphoniques avec des propos rassurants, Martine pour ses cadeaux, son sourire et sa gentillesse, Isabelle et Catherine, mes deux cousines infirmières qui ont soutenu ma femme pendant les moments difficiles. Leurs conseils et leur gratitude à notre égard m'ont subjugué et surtout je dois un grand merci à mon futur associé Jean-Marc et à Véronique son épouse car ils ont aidé Isabelle à supporter le choc de mon hospitalisation et l'ont divertie quand son moral était au plus bas. Ils ont travaillé à la continuité de ma ferme, en bref ils ont eu une insoupçonnable richesse d'amitié.

Les visites sont nombreuses chaque soir.

19 h. – Pendant le souper que me donne Isabelle, j'essaie de me tenir droit, de ne pas baver pour lui donner une image de moi meilleure chaque jour car à son départ j'aperçois dans ses yeux le tourment plus ou moins profond que je lui procure.

19 h 30. – Moment désagréable, avilissant, une infirmière me retire la couche et l'échange contre une propre. Ce sont des gestes que j'ai du mal à accepter. Comment être descendu si bas ? Pourquoi moi ? Je pense à la chanson de Johnny : « Quelqu'un a dit que tous les hommes venaient au monde égaux entre eux ». Et bien, moi non plus je n'en mettrais pas ma main au feu.

20 h. – Nous ne sommes plus que les deux, Isabelle et moi. Nous branchons la télévision portable que nous a prêtée un beau-frère. A mes débuts, à Vilons, je ne prêtais aucune attention aux émissions télévisées. Depuis peu, les clips m'intéressent énormément donc je demande essentiellement « M6 ». Nous regardons silencieusement, l'un contre l'autre, les rocks endiablés et nous espérons tous deux que ce sera bientôt notre tour d'être sur la piste de danse.

21 h. – Extinction des feux. Départ d'Isabelle suivi de la visite de la veilleuse de nuit. Là, immobile j'essaie de ne penser à rien, surtout pas à mon infirmité, sinon mon désarroi se transforme immanquablement en pleurs.

Chaque mois, nous nous réunissons, médecin chef, assistant, kiné, ortho, ergo et moi pour procéder à une synthèse.

Chacun leur tour, les participants expliquent à leurs supérieurs comment s'améliore mon état physique, quelles sont mes évolutions, comment faire pour supprimer ma dépendance, le développement à effectuer pour me laver, me nourrir, me vêtir, me déplacer en fauteuil, ils définissent des aides matérielles à me prescrire pour une plus grande autonomie et finalement répertorient mes progrès effectués. Ce mois-ci, il est décidé de me fournir un deuxième fauteuil pour accélérer la mobilité de ma main droite. Au départ, je possédais une chaise roulante avec deux mains courantes et un frein à droite que je ne pouvais manier faute de facilité à mouvoir mon bras. Dorénavant, j'aurai un autre véhicule muni d'une poignée à droite que j'actionnerai d'avant en arrière, le frein à la même place, de plus il y aura deux vitesses : une pour avancer, l'autre pour reculer et une planche sous mon postérieur pour me tenir droit, car assis sur la mousse, je penchais dangereusement en avant. Toutes ces explications venaient du docteur Decalbe, attentionné et sympathique. Il n'y avait entre nous aucun problème de communication. Le docteur Mornaz notait tout sur un magnétophone miniature à l'intention, je suppose d'une secrétaire. C'était pour moi, un moment résolument nécessaire quoique très angoissant voire cauchemardesque.

IV
La progression

À PARTIR DE MAINTENANT, tous les quinze de chaque mois, je déprime, je me souviens de ma forme, ma force physique avant ce satané quinze décembre.

– Salut Véro, comment va Jean-Marc. Pas trop fâché que je lui aie fait faux bond ?

– Tu sais, il pense souvent à toi, à ce que vous prévoyiez tous les deux, maintenant, il travaille chez toi et chez nous. Sûr qu'il a beaucoup de travail, en ce moment, il passe les rabots.

– Tu sais pas la meilleure ? Isabelle a acheté un sac à main qui ressemble à s'y méprendre à un sac d'écolier.

– Rigole, mais c'est la mode !

– Ne te vexe pas, si je ris, mais il est tellement drôle, et en plus il est cassé…

– Ah, oui, c'est malin, maintenant la poignée ne tient que par un boulon et je vais être obligée d'en acheter un autre.

– Non !

– Si.

– Mais non, il est encore bien, on va le faire réparer…

– Tu vois ! Sitôt qu'on parle d'argent, tu n'as pas changé, tu protèges ton porte-monnaie.

– Mais écoute-moi, je te dis que son sac est magnifique !

A l'inverse de mon euphorie incontrôlée de la veille, je suis morose. Avachi, la tête penchée à gauche, je bave. Mon torse désarticulé, j'ai « le blues », le cafard, rien ne va, rien ne me plaît. Ma femme, désolée me quitte très tard car elle est anxieuse pour mon état dépressif et espère qu'il n'augmentera pas quand je me retrouverai seul.

Mon père et ma femme arrivent :

– Bonjour papa !

– Salut Domi !

– Comment ça va ?

– Moi ? Bien. Mais ta chienne mal.

– Qui ça ? Rita ?

– Oui, elle maigrit, ne mange plus, ne garde plus le hangar. Le « véto » pense à une tumeur à la matrice, elle va crever…

Ecoutant, pensant à ma chienne dont j'étais le seul maître, je pleure…

– Tu vois Domi, dit Isabelle. Je sais que ta Rita va guérir, il faut l'opérer, je pense qu'elle a l'ennui de toi. Il faut que ton père l'amène ici pour te voir.

– Oui papa, tu vas la conduire dans le hall d'entrée, cette après-midi. A quelle heure peux-tu l'amener ?

– Quinze heures.

– D'accord.

Après deux heures d'attente, l'après-midi, nous descendons dans le hall attendre Rita.

A quinze heures, je vois arriver ma chienne, un berger belge, en laisse, quelque peu amaigrie, tremblante, perdue, loin de ses animaux et de ses tas de fourrages.

– Viens ma grande, tu es toute paumée là, regarde ton patron dans l'état où il est, tu vois, je pense encore à toi, je ne t'ai pas oubliée.

Toujours tremblante, elle hésite à avancer mais pour mon grand plaisir, elle se couche à mes pieds.

– Demain, j'appelle « le véto » pour savoir ce qu'il en pense, pour moi, elle est déroutée par mon absence.

Nous remontons, moins inquiets avec le souvenir de cet animal à mes pieds.

– Bonjour monsieur Maudou !

– Bonsoir Dominique, comment s'est passée cette journée ?

– Bien, j'ai vu ma chienne Rita, et vous, votre nouveau vélo, il va bien ?

– Super, il est léger, aujourd'hui, j'ai roulé quarante kilomètres sans fatigue.

Après le départ de cet homme sportif, Isabelle est heureuse tout simplement parce que je m'intéresse à autre chose qu'à moi même, qu'à ma maladie, ma guérison, je n'agis plus en égoïste. Mais je lui explique que pour ma part, c'est normal qu'un patient face à la maladie, à son handicap, pense à lui-même.

Ce matin, c'est la panique. On me prévient à huit heures qu'une ambulance va venir me chercher un peu plus tard pour un rendez-vous à l'hôpital de Besançon avec un neuropsy. Les aides soignantes s'affairent à mes côtés tandis qu'à l'heure exacte deux ambulanciers entrent dans ma chambre avec une civière roulante. A deux, ils me soulèvent du lit et me déposent sur le brancard, nous roulons dans le couloir jusqu'à l'ascenseur, puis je rentre dans l'ambulance, le dos à la route. Nous prenons l'itinéraire qu'Isabelle fait tous les jours. Nous roulons à grande vitesse, les virages déplacent mon estomac. Avant d'arriver à destination, j'ai des nausées.

Nous descendons au sous-sol du centre hospitalier et je me retrouve dans une grande salle d'attente. J'essaie de m'imaginer dans les différents services de cet établissement, mais mes souvenirs sont encore flous. On me demande. Une infirmière pousse mon lit dans un dédale de couloirs, puis je bifurque pour pénétrer dans le cabinet du neuropsy. Là, je découvre un homme affable qui me pose des questions, à mon sens, débiles : citez-moi les mois de l'année. Dites-moi les jours de la semaine à l'envers. Regardez cette feuille, vous apercevez des ampoules vertes, jaunes, rouges, en-dessous il est noté une couleur, dites-moi si cela correspond bien au verre placé au-dessus. Je vois une ampoule éclairée verte et dessous le nom rouge. Je suis furieux. Ce n'est pas parce que je suis accidenté et invalide que l'on doit me traiter en être inférieur ! J'ai envie de crier haut et fort que je ne suis pas fou, que les handicapés sont moralement, intelligemment normaux. Pendant le retour je rage intérieurement. L'après-midi, à l'arrivée d'Isabelle, je lui communique mon dégoût et lui explique les affres que j'ai supportées ce matin. Puis nous téléphonons au vétérinaire pour ma chienne et nous décidons de l'envoyer trois jours chez lui pour un examen plus approfondi.

Je m'endors toujours très énervé par les examens que j'ai subis ce matin.

Le lendemain, comme tous les jours, j'attends impatiemment Isabelle.

– Salut Namour , j'ai reçu un coup de fil de ton médecin traitant qui a elle-même téléphoné à Mornaz. D'après elle, les tests d'hier sont très bons.

– Très stupides aussi, tu ne lui as pas dit ?

– Non, par contre, Mornaz lui a dit qu'il fallait t'attendre à des séquelles côté droit, et pire encore, il prévoit que tu vas rester deux ans ici.

– Deux ans, mais lui aussi est fou !

– Tu sais, après ton accident le docteur m'avait dit qu'il fallait vivre au jour le jour, mais c'est très dur. Comment ne pas penser à notre situation financière désastreuse, à notre famille éclatée, dispersée, à ta rééducation. Si, comme il le prédit, tu as encore longtemps besoin de ton fauteuil roulant, il faudra aménager la maison pour que tu rentres en week-end. Pour ta ferme, pourras-tu payer longtemps un ouvrier comme tu le fais actuellement ? Tu vois, je me pose des questions, je doute et j'ai peur pour notre avenir. Pourquoi moi ? Pourquoi nous ? Est-ce que tout le monde est confronté à ce genre de problème ?

– Je comprends que tu en aies marre, mais il faut être optimiste, il faut voir le moindre progrès comme un encouragement. Regarde aujourd'hui, j'ai commandé à mon pied droit de se lever et il a obéi. Pareil pour mon bras, je lève de mieux en mieux le coude. Tu vois ! Je pense que l'on doit s'accrocher à tous ces petits riens qui additionnés me font progresser. J'admets que c'est très dur, mais tu ne dois pas flancher, pour les filles, pour moi…

Ce matin, j'ai une pêche d'enfer, pas physiquement, mais moralement. Je m'apprête à soutenir à nouveau Isabelle. Après la toilette l'ergo, m'a assis sur le bord du lit, jambes pendantes, le bras droit crispé sur le tube d'acier qui maintient le matelas. Bien sûr, je n'avais pas une allure académique, mais je tenais bon et c'était cela l'essentiel. A l'arrivée de ma femme, nous avons téléphoné au vétérinaire.

– C'est moins grave que prévu, elle a le bassin fêlé, je la garde jusqu'à la fin de la semaine, mais dorénavant il faudra la piquer pour qu'elle ne porte plus.

Je suis fou de joie. Elle est sauvée.

Le jour du printemps, j'ai hâte d'aller me promener. Le menuisier du centre m'a confectionné une planche de bois recouverte de mousse qui se pose sur les accoudoirs du fauteuil. Cela me gêne, car mon bras gauche a une posture idéale pour les rééducateurs, mais qui ne me convient pas. J'ai perçu des positions faciles à trouver et j'ai des repères visuels et sensitifs qui me sont propres. C'est pour cela qu'à l'arrivée d'Isabelle, j'arrache la mousse avec obstination.

– Mais qu'est ce que tu fais ?

– Je détruis le travail du menuisier, commandé par l'ergo.

– Pourquoi ?

– Tout simplement parce que ça me gêne.

– Têtu !

– Têtu peut-être, mais conscient et réaliste.

Nous partons nous promener. Isabelle poussant le fauteuil, nous nous dirigeons vers la Ridouffe en longeant l'église, l'Espérance. Pour surprendre ma femme, je lève comme ce matin mon bras droit au niveau des yeux.

– Ouais, c'est super, tu ne me l'avais pas encore montré, cela.

– Je veux démontrer à Mornaz qu'il a tort, il ne me faudra pas deux ans pour récupérer.

– J'aurais mieux fait de ne rien te dire.

– Au contraire, tu m'as stimulé, puisque je ne veux pas rester deux années comme ceci, il faut que je me dépêche, surtout de marcher ! Marcher ! Marcher ! C'est mon obsession !

Aujourd'hui, je n'ai pas le moral. Je me pose des questions quand je pense à tout ce qui chavire depuis mon accident. Si j'avais été moins pressé, je ne serais pas tombé, je ne serais pas invalide, pas à Vilons, sans mes filles, sans Isabelle, sans famille. Chaviré mon boulot, mon association, mon avenir, je me remets en cause et je dis : « C'est ma très grande faute ».

Cet après-midi, je n'ai pas envie de me promener. Je suis avide de réponses à ces questions : comment ma femme a-t-elle accepté mon accident ? Comment a-t-elle vécu mon coma ? Les filles comprennent-elles mon immobilisation ? Comment se passe le travail chez moi ? Qu'allons nous devenir si je passe deux ans ici ?

Heureusement, dans la soirée, mon cousin Manu nous rend visite. Et là, c'est le fou rire assuré. Puisque je déprime, sa présence me fait le plus grand bien. Visite hebdomadaire et amicale. J'apprécie son tempérament et sa gentillesse et je ne peux que lui exprimer mes remerciements.

Une journée comme la précédente. J'entrevois tous les malheurs qui s'accumulent sur mes épaules et je n'ai plus le courage de lutter. Isabelle me pousse vers notre itinéraire journalier, qui maintenant me laisse indifférent. J'entends les eaux vives de la Ridouffe, mais ne les écoute pas. Mes petites filles m'accompagnent mais je suis indifférent à elles. Torse et tête penchés, je bave. Il faut une force de caractère pour les familles qui viennent chaque jour rendre visite à des patients arrogants, déprimés, diminués ou excédés.

Toujours la déprime. Pourtant, j'ai des visites familiales.

– Salut Domi, devine ce que je t'ai apporté !

– Salut belle-sœur, des chocolats ?

– Eh non, un stylo et du papier pour écrire.

– Ouais, super, apporte que je commence !

On m'installe le plus confortablement possible. La feuille sur la table des repas, le stylo dans la main droite et j'essaie de noter quelques mots sur ce satané papier qui glisse. On me le tient, mais mon stylo guidé par une main revêche, aligne difficilement les lettres. Le résultat est illisible.

– Je t'avais prévenu, dit Isabelle. Même ta main droite n'est pas souple, si tu veux je serai ta secrétaire, ta dactylo.

– Non, il faut que j'y arrive seul ! Par contre tu pourrais m'apporter un cahier. Il faut que j'insiste pour arriver à écrire correctement. Je voudrais noter tout ce que je fais et tout ce que je ressens.

– Mais j'écris déjà un journal ! insiste ma femme.

– C'est différent, tu ne peux décrire ce que je vis ici.

Après le départ de la famille, nous sommes seuls, silencieux. Je pleure sur toutes mes incapacités. Je sens à mes côtés Isabelle qui n'ose pas laisser sans compagnie son mari atterré.

Au réveil, tout le personnel est pressé, je déjeune vite, aussitôt après, ma toilette, puis l'habillage.

– Pourquoi cette frénésie soudaine ?

– Tu as rendez-vous à neuf heures à Besançon à l'hôpital Minjoz chez le professeur Fanire.

– Encore ! Et j'y descends comment ?

– En ambulance à huit heures quinze, c'est pourquoi on s'active.

A l'heure dite, deux ambulanciers poussant une civière entrent dans ma chambre, me portent et me déplacent de mon lit au brancard. Puis, c'est une fuite éperdue dans les couloirs, dans les ascenseurs jusqu'au véhicule, où un homme reste à mes côtés. Le départ, la conduite, tous deux furent très rapides. Installé, vue sur l'arrière, je regarde avec effarement l'asphalte défiler sous mes yeux. A l'approche de Besançon, mon estomac n'y tenant plus, je vomis mon petit déjeuner.

– Ha, ils sont malins au centre de donner à manger quand ils savent que les patients ne supportent pas la route !

Trop malade, je n'ai pas la force de répondre, mais je pense : « Pauvre fou, si tu roules aussi vite que Prost et aussi mal que ta belle-mère, c'est évident que cela arrive ! ».

Enfin nous arrivons à l'hôpital où j'ai séjourné il y a, hélas, peu de temps.

Une heure trente plus tard, j'en ressors furieux, bien décidé à crier haut et fort que je ne suis pas un handicapé mental.

Dès son arrivée, je raconte à Isabelle ma mésaventure chez le professeur Fanire dont je ne connais pas la spécialité, sinon d'engendrer des fous. J'ai à nouveau fait des tests débiles. Sur une fiche, il y avait encore une ampoule bleue et en dessous écrit vert. Il faut juste dire vrai ou faux. Puis le médecin m'a énuméré des mots qu'il fallait que je rassemble par deux. Par exemple, jardinier, lacet, râteau, chaussures. Ils me prennent encore pour un cinglé et pire, il avait les réponses sous ses yeux alors, je ne me suis pas gêné pour tricher ! Il n'empêche qu'il est dur à admettre que des personnes si instruites vous abaissent à ce point !

– Tu en endures de drôles !

– Ouais, ah, au fait, tu m'as apporté le cahier et des crayons ?

– Puisque tu insistes, demain, je te le promets, mais tu sais que tu ne peux pas, il te faut faire encore des progrès !

– Des progrès, mais j'en fais, tiens ! Cette nuit j'ai sonné pour uriner. Tu imagines quand je n'aurai plus de couches, ce sera super. Bon, je vais prendre une décision, quand je n'en porterai plus, il faudra que j'écrive normalement, c'est pourquoi il faut que je m'entraîne le plus tôt possible... A écrire, bien sûr !

Ce soir, visite de la famille Montoise. Chaque fois que ces amis viennent, la femme me pose ses doigts sur ma tête, sur mes membres. Pourquoi ? Je regarde cette amie et Isabelle s'isoler.

– Tu dois te demander pour quelle raison je pose mes mains

sur Dominique, car je me suis aperçue que je prends la douleur des malades.

La semaine passée, après cette imposition, j'ai eu mal au bras toute la nuit. Peut-être est-ce efficace ?

Nos amis partent. Il est dix-neuf heures quinze et je suis encore dans le fauteuil, ceci aussi est un progrès.

– Namour, tu t'assombris avec la tombée de la nuit.

– Tu sais, j'ai l'air enjoué, mais je n'ai pas le moral, au boulot cela ne va pas fort, je m'enfonce petit à petit. Je ne veux plus répondre au téléphone, je ne me sens bien que coupée du monde.

– En bref, tu déprimes.

– Mais j'ai mal pour toi !

– Pour te réconforter, je peux te dire que je n'ai jamais eu mal, physiquement cela s'entend, car moralement…

Le matin, toujours la dépendance, l'ergo m'aide à faire la toilette et à me vêtir. Quand nous entendons des pleurs.

– Il y même des bébés ici ?

– Non, c'est une patiente qui n'a pas pris ses médicaments.

– Une jeune ?

– Oui, seulement quarante ans.

– Quarante ans, mais c'est vieux !

– Je vous remercie pour moi !

– Oh, pardon !

Visite de ma cousine Catherine, une des infirmières. Quand elle me voit mouvoir mes membres inférieurs et mon bras droit se délier lentement, elle ne peut que dire :

– Quand je te vois comme cela, je ne peux que penser, pas de paraplégie, pas d'hémiplégie, super !

A ces mots Isabelle et moi nous sommes heureux, pourtant ma femme m'apporte de mauvaise nouvelles.

– Ce matin, j'ai vu l'assistante sociale. Elle préfère que je travaille et que je donne trois mille quatre cents francs minimum pour faire garder les filles à Chazoy chez nous.

– Trois mille quatre cent francs ! Mais comment va-t-on faire avec les prêts et tout le reste ! Dur, dur !

– Ah ! Il faut que je te demande. Tu connais un certain monsieur Mélo ?

– Oui, vaguement, pourquoi ?

– Il a dit à ton père qu'il connaît un magnétiseur qui réussit des choses extraordinaires.

– Encore ! Tu sais, moi la médecine parallèle, très peu pour moi. Tous des charlatans.

– C'est bien ce que je pensais.

– Tu sais, à la vue de mes maigres progrès, je pense qu'un an ici, c'est possible. Dans ce centre j'estime que l'on ne me fait pas assez travailler. Parfois je me dis : je marcherai en juin, c'est loin. Juin, trois mois, quatre-vingt dix jours, alors !

Comme pour conforter mes paroles, le lendemain j'essaie non pas de me déplacer, mais d'avoir une tenue convenable. J'arrive pour la première fois à tenir mon buste correctement droit alors que je suis assis dans mon lit.

Par contre le jour suivant, je n'ai guère le moral.

– Tiens ta tête plus droite !

Des larmes perlent sur mes joues et je m'en veux de pleurer, mais je fais, il me semble, tous les efforts nécessaires pour paraître normal. Je veux que l'on me dise mes défauts pour que j'y remédie mais je n'ai pas la force d'accepter ces remontrances sur mon état physique. Le soir, Isabelle masse mon bras et ma jambe gauches et j'ai réussi à les soulever. A vingt heures, quand ma femme me quitte, je pense à elle. Que ferais-je, que serais-je devenu sans son soutien quotidien ? Je me demande dans quel état d'esprit se trouve un jeune invalide sans visites, ni signes d'amitié de sa famille.

Aujourd'hui, dimanche à dix heures, arrivent Amandine, Maëlle, Isabelle et mes beaux-parents.

– Eh, les filles, vous savez où vous allez manger à midi ?

– Chez monsieur Maudou disent-elles en chœur.

– Non, on va avec papy et mamie, ici, au self.

– Mais nous ne sommes pas au courant !

– Surprise, c'est la première fois que je vais au self, votre fille a réservé vos repas.

Donc à midi, nous descendons au premier étage. Sitôt sortis de l'ascenseur sur notre gauche nous découvrons un large couloir qui débouche en face sur une salle de télévision et une grande salle de repas avec une vingtaine de tables rectangulaires ou octogonales. A gauche, les cuisiniers qui servent des plateaux, à droite des tiroirs pour des serviettes. Sur un cadre est noté le menu du jour. Nous nous installons tout à gauche avec vue sur la terrasse. En guise d'apéritif, on nous offre du Jura méthode champenoise, le même que nous allions chercher dans un petit village proche de Vilons. C'est une agréable surprise, mais il faut me porter le verre aux lèvres : j'ai l'impression que toutes les personnes assises dans cette salle m'épient. Pourtant, en faisant le tour des occupants, j'aperçois à chaque table un ou deux jeunes en fauteuil roulant entourés de leur famille. Les personnes se déplaçant avec une ou deux cannes sont rares. C'est la première fois que je vois autant d'invalides ensemble, autrefois, je ne pensais pas que cela puisse exister.

– Demain, je vais demander à l'ergo si elle peut m'amener au self, car c'est sympa d'être entre jeunes !

– Mais comment feras-tu ?

– Et dans ma chambre, comment je fais ! Elle me donne la becquée comme à un gosse. Déjà, elle me fait essayer mais je n'ai pas assez de force dans mon bras et elle me dit aussi que je manque de précision.

Le repas se passe joyeusement, les petites sont heureuses, courent entre les tables, nullement impressionnées par le malheur des hommes.

– Dis, Namour, je me suis aperçu qu'une fille, je ne sais pas laquelle, a oublié dans mon armoire un lapin bleu, c'est une aide soignante qui m'a demandé à qui c'était.

– Mais, c'est pour toi ! C'est Amandine qui te l'a offert, elle l'avait gagné à Noël, au supermarché, contre un dessin et elle avait toujours dit que ce serait pour son papa.

– Heureusement qu'elle joue en ce moment, sinon ce serait une vraie gaffe, mais ça fait longtemps qu'elle me l'a donné ?

– La première fois qu'elle t'a rendu visite.

– Brave gosse, je suis un père indigne.

Après le repas, nous remontons en ascenseur, au quatrième étage.

– Ton père amène la Rita à quinze heures, tu t'en souviens ?

– Bien sûr ! Mais avant, sieste.

Arrivés dans la chambre, nous appelons une infirmière. Elle fait mon transfert, du fauteuil roulant au lit. Puis ma famille attend en silence que j'émerge de mes rêves. La porte s'ouvre, ma femme sursaute et voit arriver une infirmière.

– Bonjour ! Monsieur Mausservey dort, ce n'est pas grave, je vais lui faire sa piqûre.

– Mais quelle piqûre ?

– Il ne vous a rien dit ? Depuis qu'il est hospitalisé ici, nous lui injectons un produit dans l'abdomen contre la phlébite car il ne bouge pas assez.

– Et ça doit faire mal dans le ventre !

– Pensez-vous, tenez, regardez…

Elle me pique, vide la seringue, retire l'aiguille et moi, je dors comme un bienheureux.

– Incroyable, n'est-ce pas ? Par contre, vendredi c'était une stagiaire qui faisait ce travail sous ma surveillance et monsieur Mausservey était réveillé. Il a crié au moment où la demoiselle a fait pénétrer l'aiguille. La jeune fille troublée, a rougi jusqu'au moment où le malade a éclaté de rire.

Fidèle au rendez-vous, je me réveille vingt minutes avant que « miss Rita » me fasse grâce de sa présence et là, les questions pleuvent.

– Pourquoi tu ne m'as jamais parlé de ces piqûres dans le ventre ?

– Je ne voulais pas t'inquiéter.

– Mais tu ne ressens rien ?

– Non, pourquoi ? Elle est venue ?

– Oui, tu sais c'est contre quoi ?

– Oui, contre la phlébite car je ne marche pas. Par contre de cette maladie, je ne sais rien. Tiens ! Je crois que c'était vendredi, alors là j'ai bien ri ! Figure-toi...

– Je sais l'infirmière m'a tout raconté.

– Une vraie concierge celle-là. T'as l'heure Namour ?

– Trois heures moins dix.

– Oh là là ! Il faut qu'on se dépêche d'aller dans le hall pour accueillir Rita.

Nous arrivons quand elle entre dans la grande pièce, plusieurs personnes nous regardent d'un air soupçonneux. Quels sont ces fous qui font rentrer un chien dans un centre médical ? semblent-ils penser. Elle me paraît en meilleure forme mais toujours impressionnée par ces locaux. Elle est terrée sur le sol et ne quitte pas mes pieds, nous restons immobiles, comme ceci pendant plus d'une heure jusqu'à son départ. Puis la famille s'agrandit avec l'arrivée du beau-frère et de sa famille. Avec Amandine, j'invente un nouveau jeu, elle a apporté un ballon. Dans le hall, elle shoote, tandis qu'avec Bernard poussant mon fauteuil roulant, nous nous précipitons sur le jouet et je le renvoie avec mon pied droit. Nous organisons un match de football, mais de courte durée car ma jambe droite devient raide et crispée tandis que la gauche tremble comme une feuille.

– Comme tu le vois, j'ai encore beaucoup de progrès à faire !

– Mais soit patient, cela ne fait que trois mois et demi que tu es accidenté.

– Patient, patient, facile à dire, imagine-toi à ma place, non, car tu ne peux pas te rendre compte.

– Dites les hommes, c'est fini de vous chamailler ?

Remontés dans la chambre, nous avons une nouvelle visite qui me fait très plaisir : c'est Jean-Marc et sa petite famille.

– Alors là, je suis heureux. Salut !

– Salut Domi, difficile de dire mais je te le demande quand même. Comment ça va ?

– Moi, bof, je trouve le temps long, mais parle-moi de toi. Que fais-tu en ce moment ? Epandre ?

– Eh bien, j'épands de l'amonitrate sur les céréales, répare les clôtures barbelées, surveille tous les animaux. On va bientôt les lâcher dehors. Traite tous les matins, car tu dois savoir que vous avez pris un employé qui trait comme tu devais le faire, tous les soirs et un week-end sur deux.

– Il est bien ?

– Super, il s'occupe des vaches comme si c'étaient les siennes, mais dis-moi, que fais-tu de toutes tes journées ?

– Moi, eh bien, à part les deux heures de rééducation par jour, qu'est-ce que je fais ? Je regarde les clips sur « M6 », j'essaie d'écrire, je dis bien, j'essaie, car le résultat est médiocre. Sinon, je pense et oui, j'échafaude des plans pour notre future stabulation libre pour nos vaches. Tu verras ça quand je pourrai dessiner.

– Dominique.

– Oui, Anne-Lise, qu'est-ce qu'il y a ?

– Tiens.

Et la petite fille de Jean-Marc, du haut de ses six ans me tend une énorme poule en chocolat.

Sa mère m'explique que la mamie de l'enfant lui a donné cette grosse pâtisserie en vue de Pâques et tout de suite, Anne-Lise a dit :

– C'est pour Dominique quand on ira le voir !

– Tu sais Anne-Lise, t'es trop gentille. Approche que je te fasse un gros bisou ! Merci ma petite, je n'oublierai jamais.

Le lendemain, j'attends avec impatience l'ergo. Après le petit déjeuner, elle arrive pour la toilette et l'habillage. D'emblée, je la questionne :

– Pensez-vous qu'il soit envisageable de manger au self ?

– Pourquoi ?

– Parce qu'hier, je suis descendu dans la salle de restaurant, il y avait beaucoup de jeunes et j'en ai marre de vivre comme un ermite, reclus dans ma chambre.

– D'accord, quand le médecin fera sa visite, je lui demanderai.

– Merci.

Après le passage de Mornaz, il est convenu que tous les midis l'ergo m'accompagnera au self.

Dans l'après-midi, monsieur Chenau vient me voir. Je suis surpris que cet homme très occupé, directeur d'une entreprise d'agro-alimentaire, prenne plusieurs heures pour me rendre visite. Je ne suis pour lui pas plus qu'un vendeur et il s'inquiète de mon sort. Personnage affable, il ne cesse de me surprendre. Nous parlons des marchés à bestiaux de Dijon, de Sançoins, de la chute des cours, de l'intervention de la CEE. Il me semble que je replonge dans mon métier antérieur.

Par contre, la fin de l'après-midi sera morose. Je demande à Isabelle de m'aider à uriner dans ce satané récipient en plastique. Je suis gauche et je me suis tout mouillé. A huit heures, quand ma femme referme ma couche, je ne peux que pleurer. Maintenant, tous les soirs je fais quelques lignes « d'écriture », passe-temps maudit car je m'aperçois que les progrès tant espérés sont très longs à venir. Pourtant Isabelle me dit :

– Ecoute, dans ton malheur tu as eu une infime chance, c'est de n'être pas hémiplégique droit. Dans ce cas, tu ne parlerais pas et tu ne pourrais plus écrire, c'est dingue non ?

A midi, c'est un événement. Avec l'ergo comme promis, nous mangeons au self. A l'inverse du dimanche, la salle est bien pleine, des fauteuils roulants, des jeunes, des visages inconnus. On me pousse au fond de la pièce, une aide-soignante m'apporte un plateau tandis que l'ergo me prépare une potence derrière mon siège : suspendues à la hauteur de mon bras, deux plaques de cuir vont maintenir mon membre supérieur droit. Au bout de la suspension, un fil relié derrière moi à des poids. Tout cet attirail pour pallier ma faiblesse musculaire. C'est efficace, car sans effort, je peux lever et tenir dans ma main une cuillère. Par contre, pour atténuer mon manque de précision, c'est ma bouche qui va aux aliments. J'ai l'impression de ressembler à un papy grabataire, mais je suis heureux car je veux et je sais que mon attitude ne sera que meilleure au fil des jours. Pour l'instant, hélas, j'ai encore besoin d'une personne car aucune cuillerée n'est arrivée à destination. Que de dépendance !

Le jour suivant, c'est déjà mieux. J'ai réussi, seul, deux fois à faire pénétrer la fourchette dans ma bouche. Isabelle arrive, mais elle n'est pas en forme, je le vois à ses yeux.

– J'ai l'impression qu'à l'inverse de son mari, ma petite femme broie du noir !

– Rien ne va ! Le boulot, les filles insupportables, mes parents qui projettent de partir en vacances, il n'y a que toi qui me parais assez optimiste pour me remonter le moral.

– Je vais te faire rire, ce matin, je me suis fait disputer. En effet, une aide-soignante vient me chercher pour l'ortho. Elle pousse mon fauteuil dans le couloir ; arrivés vers l'ascenseur, je soulève mon pied droit et appuie sur le bouton d'appel. Au retour, idem. Là, folle de rage, elle me dit que ce ne sont pas des manières, que je risque de détériorer les équipements appartenant à la société. Fallait-il rire ou pleurer, moi, j'ai rigolé et elle s'est fâchée.

Ma femme m'apprend que notre beau-frère s'est foulé la cheville hier et qu'il est soigné à l'hôpital. Comme un malveillant, j'éclate de rire.

– Ce serait super s'il pouvait faire sa rééducation ici !

– Tu trouves cela drôle, quarante-cinq jours dans le plâtre ?

– Excuse-moi, mais oui !

Les jours se ressemblent et je suis toujours euphorique à l'inverse d'Isabelle qui n'a pas la pêche. Je sens qu'elle craque, qu'elle s'enfonce petit à petit dans la déprime, à cause de moi.

– On travaille comme des cons, on n'a rien qui vaille la peine, je suis seule et je n'ai que des problèmes, maintenant j'en peux plus.

– Pardonne-moi, car je suis le seul responsable. Tous ces ennuis, tu es seule à les surmonter, c'est trop, je le comprends et je m'en veux de ne pouvoir être qu'inactif.

Elle sanglote, sa tête contre mon épaule, je ne peux pas la serrer dans mes bras, je me sens coupable.

Aujourd'hui, grand jour, mais toute la journée je suis angoissé car je n'ai plus de couche. Heureux d'être moins dépendant, mais avec la peur d'une incontinence malencontreuse, je me souviens du pari que je me suis fait : plus de couches mais pouvoir bien écrire. Quand on voit les lignes d'écriture que je recopie on se demande si ce n'est pas le travail d'un élève du cours préparatoire, d'un enfant peu scrupuleux sur la tenue de son cahier car mes mots sont écrits grossièrement. Il m'est difficile d'aligner des syllabes sur la même ligne mais quand je vois le résultat de quinze jours d'obstination, il est évident que je progresse.

Maintenant que je n'ai plus de couche, je suppose que l'on va passer à l'étape suivante : c'est à dire le départ en week-end chez moi. Cela fait bientôt quatre mois que je me sens confiné dans le monde des hommes en blanc. Quand l'ergo arrive ce matin, je l'interpelle.

– Que faut-il que je fasse pour pouvoir rentrer chez moi le samedi et le dimanche ?

– Tout d'abord, les transferts lit-fauteuil et fauteuil-lit. Actuellement, je remarque que depuis quinze jours, vous avez peu progressé et pour espérer partir il faut, techniquement, très bien réaliser ces mouvements. Ensuite, il faut adapter votre maison à votre handicap. Pour le passage du fauteuil, il faut au moins une largeur de porte de soixante-quinze centimètres. Si vous avez des escaliers pour monter à votre chambre, il faut prévoir de descendre votre lit. Dans les toilettes, il faudra fixer une barre au mur pour vous aider à vous relever et pour la nuit, une chaise percée sera nécessaire dans votre chambre.

– Pas de problème.

Je me retiens de lui dire que ma chambre est à l'étage, que pour se rendre au W-C il faut descendre deux marches. Quant à la largeur des portes je n'ose pas y penser.

– De toute façon, prochainement, vous aurez une synthèse avec le directeur et à cette occasion, vous demanderez pour vos sorties.

A l'arrivée d'Isabelle je suis sombre, ceci tout simplement parce que l'on va bientôt parler de mon cas. Je raconte mes projets de rentrée.

– Tu sais, il faut qu'on essaye de faire des transferts nous deux pour que je m'améliore si je veux sortir d'ici.

– Eh, mais moi, je suppose qu'il existe une technique ?

Puis nous descendons pour notre petite balade quotidienne autour du centre. Mais Isabelle dirige mon fauteuil roulant à l'opposé de la sortie.

– Mais où vas-tu ?

– Vers le groupe de personnes au fond de la pièce. Je te l'ai déjà dit, c'est la sœur d'une de mes copines qui a un jeune accidenté.

En effet dans la discussion revient souvent le prénom de Pascal. Il reste sans bouger, sans dire un mot, les mains difformes, la bouche ouverte, le regard vide. Après un quart-d'heure de palabres, nous sortons, moi avide de questions :

– Qu'a-t-il fait Pascal ?

– Accident de moto. C'est un cyclomoteur qui lui a coupé la route. Le gars en mob, mort ainsi que la passagère de la moto. Pascal, lui, il a une petite fille de quatre ans.

– Mais pourquoi il ne dit rien ?

– Mais c'est ça le coma ! Toi tu es resté cinq semaines comme ceci, lui ça fait déjà huit mois...

– Il peut voir car il a les yeux ouverts.

– Toi aussi, tu les écarquillais, mais je ne sais pas si tu voyais.

– De toute façon, je ne me rappelle pas. Quand est-ce qu'on peut affirmer qu'un malade est sorti du coma ?

– Je ne suis pas médecin, mais je crois que c'est au moment où il peut communiquer.

– Il habite où Pascal ?

– Pas très loin de Chazoy, à dix kilomètres de chez nous.

– Quel est son nom de famille ?

– Je crois que c'est Rico, mais je te signale que je ne suis pas de la police !

– Bon j'arrête, mais comprends-moi, je suis curieux, surtout du coma.

La soirée je suis hilare de voir pénétrer ma petite sœur dans la chambre mais surtout le beau-frère avec deux cannes anglaises. Là, je ne peux plus me retenir, je suis écroulé.

– Tu sais Franck qu'il y a encore de la place ici. Bienvenue dans la famille des éclopés !

– Non merci, très peu pour moi.

– Lâcheur !

Aujourd'hui, assis sur le fauteuil, je suis en forme. Isabelle et moi nous nous apprêtons pour notre balade quotidienne. Faire avancer ce siège avec ma main droite, cela va trop lentement à mon goût. C'est pourquoi, dans le couloir, avec mes orteils, je relève mon cale-pied droit puis pose ma jambe sur le sol, tire le tout et roule de plus en plus vite. J'appelle l'ascenseur avec ma basket. Là, ma femme s'aperçoit que je suis devenu plus autonome et tous deux, nous sommes heureux. Pourtant la journée avait mal commencé. A treize heures, synthèse. J'avais demandé au docteur Mornaz, entouré des personnes, kinés, ergo, ortho qui s'occupent de moi :

– Est-ce que je peux rentrer chez moi le week-end ?

– Tout d'abord, monsieur il faut procéder à la phase de verticalisation, c'est à dire qu'il faut que vous teniez debout seul. D'autre part, il faudra certainement faire des travaux dans votre maison et de toute évidence, vu votre faiblesse actuelle, il ne faut pas compter sortir avant août.

– Quoi ! Dans quatre mois ? Mais il faut que les kinés me fassent marcher maintenant !

– Il n'y a que moi qui puisse juger de la nature des exercices dont vous avez besoin.

– Mais…

– Ce sera tout monsieur, au suivant.

Une infirmière me sort de la pièce et me dirige vers ma chambre.

– Pour casser le moral des malades, il est champion.

– Il ne faut pas dire cela monsieur Causservey, il fait son possible.

– Tu parles, je lui ai montré comme je lève bien ma jambe droite. « Sans intérêt » a-t-il répondu, de toute façon, je me contrefous de son avis, j'ai dit que je marcherai en juin et cela, c'est sûr !

Animé par cette conviction, la fin de journée ne peut être qu'excellente.

Bernard, le beau-frère et sa famille viennent me rendre visite.

– Salut Domi, alors cette écriture, ça avance ?

– Non, ma nouvelle obsession c'est de partir mais pour l'instant il faut que je coure, car sais-tu ce qu'il faut pour sortir du centre, il est nécessaire de se déplacer vite, Mornaz nous lâche dans la nature puis prend son fusil et tire sur nous comme sur des lapins.

– Tu déconnes !

– Bien sûr, mais n'empêche qu'il ne veut pas me lâcher !

Puis rêveur, je regarde le mur de ma chambre. Sur une face, Isabelle affiche les dessins des enfants qui m'en font cadeau. Il y a en un qui représente des jeunes qui font un footing et le premier dit : « Tu verras Domi, bientôt tu courras avec nous ! »

Bien sûr, ils ont raison ces mômes.

Une journée très chargée s'ouvre à moi. Ce matin, transport en ambulance à nouveau vers l'hôpital de Besançon pour rendre visite au docteur Belvoir, le neurochirurgien qui m'a si bien opéré. Il trouve mon état très satisfaisant mais pense que j'ai encore huit mois pour faire des progrès, ensuite d'après lui, il me restera quelques séquelles. Je suis rentré démoralisé. Je m'imaginais avec les bras maladroits et une personne à mes côtés pour me seconder. Ma rééducation, impossible le matin, a lieu après la sieste. Je descends en ergo, et là, surprise. Habituellement elle étire mes bras, posture mes mains, maintenant, travail tout à fait différent. Elle m'installe dans le standing : c'est un appareil qui vous maintient debout, un bloc de mousse aux genoux, un autre au bas des fesses et un plateau pour les membres supérieurs. Quelle formidable sensation de se sentir debout ! Il est vrai que mes jambes sont encore fragiles, mais je repose mon poids sur les genoux et tout va bien. Un quart d'heure comme ceci puis, sitôt enlevée la barre qui maintient mon postérieur, je m'effondre dans mon fauteuil.

– Nous allons augmenter chaque jour la durée au standing, pour arriver à une heure. Après, vous pourrez espérer marcher.

– Merci, c'est très gentil !

Puisque je suis en retard, j'ai rendez-vous à seize heures en ortho, Isabelle m'accompagne. Durant cette demi-heure, je dois énumérer dix noms de fleurs, d'arbres, d'animaux domestiques, puis sauvages. Sitôt sorti, ma femme me questionne.

– C'est toujours comme cela ?

– Oui.

Puis je vois son visage blêmir.

– Mais, tu as vu ton jogging ? Tu as pissé dedans.

– Impossible, et ma couche alors ?

– Mais tu n'as plus de couche !

– Oh, c'est vrai, et zut, pourtant je m'étais senti, mais je me suis dit : « Vas-y, t'es protégé ».

Arrivés dans la chambre, nouvelle surprise. Un nouveau fauteuil nous attend, sans main courante, mais avec une poignée à droite que l'on pousse en avant puis en arrière et l'on recommence. Il y a aussi une manette pour les changements de vitesse, une marche avant et arrière ainsi qu'un frein. Sur ces entrefaites, mon cousin Manu arrive.

– Tu as vu mon nouveau carrosse ?

– Ouais, super, chromé et tout, tu veux mon avis ? Ils auraient dû mettre un dossier jaune fluo !

Et le voilà parti dans des manœuvres délicates et rapides entre chaises, murs et lit. Quand Manu vient, c'est le fou rire garanti. Et cela se passe toutes les semaines. J'envie les élèves dont il est pion à Montmorot, cela ne doit pas être triste d'être surveillé par un clown !

Isabelle arrive rayonnante, les mains dans le dos.

– Devine ce que je t'ai apporté et que tu aimes tant !

– Si ce n'est pas « Sport-auto », c'est de la pâtisserie.

« Ce n'est pas drôle ! Tu trouves toujours ! » dit-elle en m'offrant deux pots de mousse au chocolat.

– C'est super ! Un pour le goûter d'aujourd'hui et un pour le goûter de demain.

– Oui, car tu as vu tout le chocolat que tu as ? Dans ton armoire, il n'y a que ça, œufs, poules, poissons, tablettes…

– C'est la preuve que les gens sont sympas ! Il est vrai que si Mornaz voyait ça, il serait fou, mais tu sais je ne suis pas encore trop gros !

Ce fut un dimanche record : trente-quatre visiteurs, nous sommes obligés de les recevoir dans le hall. Le soir, je suis fatigué, mais heureux et interrogatif.

– Tu as vu, c'est sympa de la part des petites Eustache, Maryline et Lauriane d'être venues me voir !

– En effet, des jeunes adolescentes qui viennent rendre visite à un malade hors de la famille, c'est rarissime !

– Par contre, je me pose une question : la sœur de Christian devait avoir deux enfants dont un malade et je n'ai vu que le deuxième.

– Mais je t'ai dit quand tu étais dans le coma que le petit Thomas était mort de la mucoviscidose et tu avais pleuré, je pensais que tu avais compris.

– Aucun souvenir, c'est dingue ça, pauvre gosse !

La vierge Marie entre dans ma chambre. En effet, tata Mimi s'assoit en face de moi, m'offre une bouteille d'eau de Lourdes et dépose une médaille religieuse dans ma main.

– Espère Domi, il faut croire en Dieu ! Quand tu seras totalement rétabli, je t'emmènerai en pèlerinage pour que tu remercies la vierge et son fils.

– Tu sais, maintenant je n'y crois plus. Pourquoi ce handicap ? A-t-il la réponse ?

– Tu sais, tata, pour Domi, je me suis renseignée dans un livre médical. Toutes ces séquelles correspondent bien à une hémiplégie et l'auteur dit que grâce à la kinésithérapie, c'est un handicap passager. Alors, tu vois, Dieu là dedans, il est absent.

– Salut tonton !

– Pourquoi tonton ?

– Parce que ta petite sœur a accouché et c'est un garçon, Alexis. Mais je te dérange, tu es en train d'écrire ?

– Fous-toi de moi ! N'empêche que je m'améliore, maintenant je peux me relire. Tiens regarde !

– Et qu'est-ce que tu écris ?

– Je recopie des pages d'un roman de Clavel : « Harricana ».

Isabelle approche, cligne des yeux et essaie de déchiffrer ma prose.

– Excuse-moi de te dire ça, mais tu as encore du chemin à parcourir !

– Hélas, je sais, mais je peux déjà aligner des mots les uns au bout des autres, c'est déjà un progrès !

– Tu sais, Domi, je ne peux rien te cacher. Pour tes progrès, j'ai téléphoné au voisin de palier d'Annick, c'est un acupuncteur chinois. Je lui ai parlé de toi. Pour lui, tu peux remarcher mais ton bras gauche l'inquiète, il est d'accord de venir te voir à Vilons mais pas au centre. Qu'en penses-tu ?

– Bof, il est certain qu'il faut faire quelque chose, mais quoi et si c'est lui, où ?

– Ne t'en fais pas, je m'occupe de tout.

Je reste dans la perplexité, entre le doute et l'espérance. Je laisse Isabelle préparer mon avenir.

Le lendemain, tout va bien. En rééducation, je reste de plus en plus longtemps dans le standing. Au cours de l'après-midi, l'ergo attend Isabelle pour lui expliquer les transferts.

– Pour ne pas se faire mal, il faut bien se positionner, jambes légèrement écartées, genoux fléchis, dos droit, regardez ! Je prends votre mari sous les épaules, on se redresse et pivote jusqu'au lit par exemple. A vous !

Je fais des efforts pour aider ma femme et le résultat est concluant.

– Essayez souvent et quand ce mouvement se fera parfaitement, la sortie, le dimanche sera envisageable. Un conseil, pendant les déplacements, ne lui parlez pas car il ne peut écouter et vous aider.

La soirée est agréable et la porte de sortie entrouverte…

– Tu as réfléchi à l'acupuncteur ?

– C'est OK.

– Il m'a expliqué pour te masser, on y va ?

– Massage thaïlandais ? Tout de suite !

– Grand fou !

Et Isabelle me masse avec ses doigts mes jambes décharnées et mon bras gauche.

Ce matin, j'ai bien ri en ortho. Une stagiaire me pose des questions, les mêmes que le professeur un mois auparavant. Au repas, je m'améliore lentement, je peux manger avec la potence, mais sans elle, c'est impossible. Je profite de la visite de ma femme pour faire rectifier de nouveau mon appareil dentaire. Ce soir, visite surprise, un abbé vient nous voir. C'est un homme originaire de notre petite région et en retraite à Vilons. Personne aimable, je n'ose lui exposer mes convictions religieuses.

Exploit. Pour la première fois, j'ai réussi, de la position couchée, à me mettre assis dans le lit sans aide.

Ma mère m'a apporté les papiers de gestion de mon exploitation, car j'ai décidé, dorénavant, de m'en occuper personnellement. J'examine les charges et quand une écriture me paraît anormale, mon bras gauche se raidit, monte jusqu'au cou et ma jambe tremble. Isabelle, effrayée, appelle l'infirmière.

– Ce n'est rien, c'est de la spasticité : quand un hémiplégique est énervé, contrarié, tout son côté atteint se crispe ou tremble. Quand il redevient détendu, le phénomène disparaît.

La gourmandise me fait progresser, ce soir ma femme m'a apporté un petit pain, au chocolat bien sûr ! Elle me le place dans la main droite, je baisse la tête, lève un peu le bras et croque dans la pâtisserie.

Je devrais être heureux, pourtant, je déprime, je m'aperçois que marcher, cela paraît simple, mais c'est plus subtil qu'il n'y paraît ! Ce matin, dans le standing j'ai essayé, seul, de déplacer mes pieds. Impossible, je n'ai pas assez de forces pour lever seul les genoux : pourtant quand je suis assis, tout va bien.

– Domi, je ne te l'ai pas dit, mais en arrivant, j'ai rencontré Mornaz qui m'a dit : « Votre mari grossit trop ». Alors je lui réponds : « Vous l'avez pesé ? » et il a répondu : « Non, je le vois à vue d'œil. »

– Mince, il faudra vider tous les placards avant qu'il s'aperçoive de notre stock et en ramener un petit peu que l'on mangera chaque jour.

D'accord, demain, j'apporterai des sacs, car il y a beaucoup de chocolats.

Tristesse et espoir. Je suis malheureux de voir disparaître toutes ces friandises dans d'énormes sacs, mais joyeux car pour demain il a été organisé un rendez-vous avec l'acupuncteur dans le deux pièces de chez monsieur Maudou.

Il est certain que durant cette période, j'ai fait d'importants progrès : je suis plus autonome dans mon fauteuil, car assis, je bouge bien ma jambe de droite, avec le pied j'ouvre les portes, j'appelle l'ascenseur. A mes yeux ce qui me semble conséquent, c'est le fait que je me sens plus responsable de mon avenir, de ma rééducation, de la gestion de mon exploitation. Au standing, je tiens difficilement debout, mais je peux, et c'est cela l'essentiel, et doréna-

vant quand je suis allongé, je me redresse et tiens assis. Bientôt, j'écrirai assez bien, je pourrai manger sans potence, je me laverai seul, je tiendrai debout hors du standing, je me lèverai seul du fauteuil roulant avec l'aide d'une barre scellée au mur et j'éliminerai toute cette dépendance dont je souffre. Ce qui me gène envers mes amis, c'est que je suis involontairement égoïste. Quand Franck s'est foulé la cheville, je ne lui ai pas demandé comment cela était intervenu. Quand Alexis est né, je ne me suis pas inquiété de son poids, ni de sa santé, ni de la souffrance de sa mère à l'accouchement. Bien sûr, il me reste tant à faire ! Mes bras sont maladroits, je ne marche pas, je me tiens assis, mais tordu, je ne peux manger seul et, en toute innocence ou volontairement je ne vois pas tous mes défauts…

V
L'espoir

Comme tous les samedis, j'attends ma femme à dix heures le matin.

– Bonjour ! Bon anniversaire !

– Salut, mais je suis né en décembre ?

– C'est un anniversaire pour nous deux ! Le vingt-sept avril, ça ne te dit rien ?

– Oh zut j'avais oublié, c'était notre mariage. Il y a combien d'années ?

– Six ans. Eh oui, mon petit vieux.

– Et aujourd'hui, c'est la première visite de l'acupuncteur, quelle coïncidence !

– Ne parle pas si fort, il faut que cela reste confidentiel, sinon, j'ai peur que Mornaz nous mette des bâtons dans les roues.

Nous nous morfondons d'impatience. Mais l'après-midi à quinze heures nous sortons du centre, longeons le petit torrent, la Ridouffe, franchissons un pont qui l'enjambe puis escaladons le chemin qui mène chez Maudou. Face à nous, se dresse une jolie petite maison. Arrivés à destination, premier obstacle. Il y a six marches pour pénétrer dans le deux pièces réservé à Isabelle. Aussitôt, arrive mon beau-père, suivi du beau-frère et à ses côtés, l'acupuncteur. Je découvre un petit homme de type asiatique portant une valise de médecin. Ma femme me place en face des escaliers, me tient debout tandis que son père et Bernard avec leurs mains me font une chaise. Assis, je suis élevé jusque dans un petit corridor qui débouche sur sa droite dans une chambre. Là, on me dépose sur le lit. Le Chinois questionne sans cesse Isabelle, puis il se tourne vers moi et dit :

– Regarde-moi dans les yeux.

Tires la langue.

C'est bon.

– Pourquoi faites-vous ça ?

– Je vois si tu es fatigué, car pour être piqué, il ne faut pas être trop faible.

Il m'ausculte, manipule mes membres.

– Je pense que tu as quatre-vingts pour cent de chances de remarcher après huit séances. Le bras gauche, ce sera plus long. Par contre le côté droit va revenir très rapidement.

Sur ces paroles encourageantes, il me pique. A chaque fois, il appuie fortement avec son doigt puis enfonce l'aiguille. Je suis surpris de ne ressentir aucune douleur, je dois ressembler à un hérisson, car j'ai au moins dix tiges d'acier sur la nuque. Rapidement, il place à l'extrémité des pointes des pastilles bizarres, et les allume.

– C'est du moxa, ce sont des plantes médicinales séchées.

Pour couronner le tout, il dirige un appareil dégageant une forte chaleur sur la zone à traiter.

– Ceci est un champ magnétique. Le soir comment te couches-tu ?

– Sur le dos, pourquoi ?

– Très mauvaise position, si tu veux remarcher, il faut que tu dormes sur le côté droit. Je vais montrer à ta femme. Au niveau de ton invalidité, le problème, c'est les nerfs qui sont écrasés au niveau de la nuque. Je pense que la semaine prochaine, tu bougeras les doigts de pieds et celle d'après, tu dois plier seul le genoux droit.

Le retour sera euphorique, nous rentrons plein d'espoir.

Première nuit où je suis vraiment heureux, je m'imagine marchant avec Isabelle dans la forêt. La nouvelle position pour dormir est agréable mais pour ne pas attirer l'attention de la veilleuse de nuit, au petit matin, je me mets difficilement sur le dos. Par contre il se dégage une odeur bizarre. La veille, au coucher, ma femme m'a massé les membres gauches avec du gingembre additionné à un produit qui sent la menthe. Ingrédients que nous a confiés l'acupuncteur lorsqu'il nous a présenté la technique de massage.

Les deux petites, enjouées, rentrent en courant dans la chambre suivies de leur mère.

– Elles ne t'ont rien dit pour ta position ?

– Non, car ce matin, je me suis couché sur le dos avec du mal, mais ce qui m'inquiète, c'est l'odeur. J'ai l'impression que ça sent encore.

– C'est vrai, ici, il se dégage un parfum oriental ! Au téléphone, hier soir, je me suis entendue avec Bernard pour l'ordonnance écrite en chinois que l'acupuncteur t'a prescrite et dont les médicaments ne sont trouvables qu'à Paris. Donc lundi, le beau-frère depuis son travail, passera un fax à la banque où Gérard, est employé. Puis mon cousin se rendra à l'adresse indiquée et nous enverra le colis. Moi, je n'aurai plus qu'à payer…

– Ah, la famille est indispensable !

Le soir je regarde Benny Hill et je n'ai pas le moral, pourquoi, je ne saurais l'expliquer. L'attente est trop longue, j'en ai marre.

Ma conscience me dit que mon état physique s'améliore, mais le doute s'installe en moi. Ai-je pris la bonne décision en faisant confiance à l'acupuncteur ? Il me paraît professionnellement parfait, alors pourquoi j'hésite et je doute encore ? J'ai peur de l'avenir, des séquelles de l'accident. Quelquefois, je me voile la face pour vivre reclus dans un monde merveilleux où je m'imagine valide.

Je souffre moralement de la lenteur de la rééducation. Mes rires soudains et inexplicables sont là pour cacher une profonde détresse. J'ai le sentiment de m'enfoncer inexorablement dans un abîme : la dépression.

Le lendemain, toujours pas le moral…

17 h. Comme toutes les semaines l'abbé Desto vient me rendre visite.

– Bonsoir, mes enfants. Je viens vous voir avant de fermer les portes de l'Espérance, vous savez l'église que vous pouvez voir de votre fenêtre !

La discussion se poursuit pendant une demi-heure, nous parlons de tout, sauf de religion.

Après son départ, nous entreprenons la gestion de mon exploitation. Je dois répondre au courrier, acquitter les factures, inscrire les mouvements de banque sur un cahier à cet effet, puis rechercher la meilleure approche financière pour réaliser certains travaux, choisir la formulation de l'engrais à épandre, la variété de l'espèce de semences à mettre en terre, le produit pour désherber ou pour traiter les céréales. Je dicte et Isabelle écrit, mais quand il faut signer les chèques, je m'applique à griffonner un « D » majuscule suivi d'un trait. Certes, ce n'est pas ma signature antérieure mais la banque paraît s'en satifaire.

Cet après-midi, je suis inquiet.

Je progresse doucement, la kiné me met debout et me tient pour que je prenne des forces tandis qu'en ergo, je fais du standing. Je suis tenu en position debout mais il m'est impossible de bouger les jambes : c'est frustrant.

A 16 h, Isabelle n'arrive pas. Enfin, avec une heure trente de retard, la porte s'ouvre sur elle.

– Pas trop en souci ? Mais j'ai eu un accident, collision en chaîne. Par contre la voiture roule. Demain, j'irai au toubib car j'ai mal du côté gauche et à la colonne vertébrale et Amandine, choquée, a mal au ventre.

Toujours pas le moral. Les infirmières s'évertuent à me redonner goût à la rééducation, sans succès. Ma femme arrive avec son cousin.

– Salut Domi, alors la forme ?

– Tu parles ! Et en forme de quoi ? De statue ?

– Tu sais, il ne faut pas être pessimiste. Récemment, j'ai lu dans un magazine qu'il existait, pour les malades, la méthode Coué, le même nom que le mien, par contre je ne me souviens plus de son orthographe. Enfin cette technique consiste à se dire « Je veux, donc je peux ».

– Tu parles d'une connerie. Je veux marcher, donc je peux. C'est complètement débile.

– Oh, là là, qu'est ce que tu es rabat-joie !

Dans le couloir, Isabelle rencontre l'ergo.

– Alors Dominique progresse ?

– Au standing, je me suis aperçue qu'il appréciait bien cet appareil, maintenant il tient trente-cinq minutes dedans. Je vais encore intensifier cet exercice. Je l'ai vu aussi en kiné et il progresse, mais il faut aussi qu'il tienne bon moralement.

Samedi. Le marché s'est installé sur les rives de la Ridouffe. Isabelle pousse mon fauteuil entre les étalages des commerçants. Ma femme s'arrête devant les chaussures puis elle me stationne devant l'échoppe d'un bibliothécaire. Nous finissons par acquérir chacun un tee-shirt.

L'après-midi est consacré à la deuxième séance de l'acupuncteur.

– Bouge tes orteils ! ... Mais c'est très bien ! Maintenant essaie de lever ta jambe mais sans plier le genou... super. Je n'en espérais pas tant. Mais le plus important pour récupérer, c'est de prendre la phytothérapie que je t'ai prescrite.

Ensuite vient une série de piqûres avec du moxa.

A notre retour au centre nous rencontrons dans le couloir un jeune qui fait avancer son fauteuil roulant.

– Eh bien, tu sais, je t'ai vu arriver, mais tu as beaucoup progressé ! Je me présente. Eric, accident de voiture, motard dans la gendarmerie. Huit mois que je suis ici et comme progrès, il n'y a que ma jambe gauche qui commence à fonctionner.

– Moi, c'est Dominique, accident de tracteur le 15 décembre 1990. Pour mes progrès, j'ai tout à réapprendre. Mais comme tu es motard tu ne connaîtrais pas Pavié de Cordiron ? Lui aussi est motard chez les flics.

– Pavié, mais si ! On faisait équipe ! Je connais aussi son beau-frère, Patrick de Cordiron, aussi.

Patrick ! C'est le copain avec lequel j'ai fait le plus de javas !

Le colis de phytothérapie chinoise est arrivé. Isabelle s'est rendue au cabinet de l'acupuncteur pour questionner le médecin sur la nature des ingrédients et la façon de procéder.

– Là, ce sont des plantes, des carapaces de tortues, tibias de tigres, vers de terre séchés. Il faut diviser par dix, tous les sachets puis pour une dose mettre deux litres d'eau, le tout dans une marmite, faire chauffer jusqu'à ce que le liquide se réduise à un bol. La dose de phytothérapie sert pour deux décoctions, et reste à Dominique, à boire, s'il veut remarcher.

C'est le début de l'enfer : ma femme me tend un bol.

– Dépêche-toi ! Il ne faut pas qu'on nous voie !

– Mais c'est dégueulasse ! Ça sent la terre mouillée, c'est d'une couleur affreuse !

– Tu sais, le docteur m'a dit que c'est indispensable pour remarcher. Par contre les ingrédients, tortue, tigre, vers de terre.

– Mais tais-toi, tu sais, si je bois ce liquide infect c'est que je crois en ses qualités. J'ai confiance en l'acupuncteur. Le pire, c'est le fond, c'est épais, ça fait presque vomir !

Le lendemain, Isabelle, accompagnée de ma tante, apporte dans un « Thermos » cette infâme potion. Mais après j'ai droit à une barre de chocolat.

– Tu vois, comme il faut souffrir pour être valide !

On frappe à la porte et nous voyons pénétrer le docteur Decalbe, l'adjoint de Mornaz. Il rentre avec deux béquilles, la jambe dans le plâtre.

– Je ne vais pas vous déranger, je reviendrai plus tard.

– Mais non, jeune homme, restez auprès de votre copain. Que vous est-il arrivé ?

– Accident de ski, madame, dit-il en s'éloignant.

– Tu sais, tata, que c'était un médecin du centre ?

– Oh, la gaffe ! Mais il paraissait si jeune !

A partir d'aujourd'hui et pour quinze jours, une élève-infirmière s'occupe de moi. Elle me réveille, fait ma toilette, m'habille, me donne le petit déjeuner, le déjeuner et m'emmène, à l'heure précise, dans les différents services de rééducation.

Visite de ma sœur qui m'offre la photocopie du dessin que je lui avais donné quelques années auparavant. Cette feuille représente ma maison d'habitation et en arrière-plan le château, bâtiment où j'ai vécu toute ma jeunesse. Isabelle s'empresse de fixer mon œuvre au mur au-dessus de mon lit car face à moi, il n'y a plus la moindre place, les dessins d'enfants sont si nombreux ! L'après-midi, nouvelle séance de l'acupuncteur, toujours transporté par le beau-frère. Cette semaine, je bouge les doigts de la main gauche, la droite est plus forte et plus précise, je plie le genou et j'espère toujours plus. J'y crois.

Evénement important, le soir je soupe au self avec mon épouse. Depuis quelques jours, le repas se passe sans potence, alors j'ai demandé à l'ergo si c'était possible en soirée. Accepté !

Nous allons faire plus ample connaissance avec les malades, avec les jeunes, ce sera sympa. On m'installe à une table, puis Isabelle va chercher le plateau et je mange seul, mais il faut me couper les aliments et verser la boisson dans mon verre.

Avant dîner, obligation de se peser. Une infirmière m'assoit sur une chaise spéciale, je pèse 63,5 kilos tout habillé et avec les baskets. D'après Mornaz, je grossis à vue d'œil, ce poids, pour plus d'un mètre quatre-vingts, mais je suis obèse !

L'après-midi est superbe, car à force de persévérance et sûrement grâce à l'acupuncture, je peux enfin écrire. Je commence avec mon nom et les prénoms de toute la famille, c'est lisible et c'est super.

Aujourd'hui, nouveau succès en ergo : j'arrive à me lever seul de mon fauteuil, tout le personnel présent est ébahi !

– Mais c'est incroyable, vous vous rendez compte ?

– Oui, mais vous ne voyez pas tous les efforts que je fais chaque jour !

Pour moi, ce n'est plus une coïncidence. L'acupuncture y est pour quelque chose.

Dans l'après-midi, Isabelle rentre dans ma chambre avec deux femmes.

– Mesdames, je vous présente mon mari. Domi, je te présente madame Voily, ma chef chez Maty et voici sa nièce qui a eu le même problème que toi.

– Bonjour monsieur, à la suite d'un accident je suis devenue comme vous. Votre femme m'a expliqué vos séquelles indiquant que vous êtes hémiplégique gauche et j'étais tout comme vous à Vilons. Alors voyez-vous, il ne faut pas perdre espoir. On m'avait dit ici que les progrès étaient finis, donc je suis rentrée chez moi en fauteuil roulant. Mais à force d'opiniâtreté, de séances de kiné à domicile, j'ai réussi à remarcher. Maintenant, ma mission est d'encourager les invalides à insister dans la rééducation, tenir bon, car le temps sera très long, mais il ne faut jamais désespérer !

Je m'imaginais marchant comme elle. A son départ, je la remercie chaleureusement. Quand elle me quitte, je reste rêveur. C'est donc possible de se déplacer, mais il faut travailler et insister.

Encore une journée euphorique, l'acupuncteur arrive et je l'interroge :

– Je voudrais vous demander. Y a-t-il une différence entre l'acupuncture française et chinoise ?

– Différence énorme. Un Français ne piquera jamais au niveau du cerveau. Au Cambodge, où j'ai exercé, on ne laisse pas les personnes dans le coma. Moi, je peux les réveiller. Un de mes patients est tombé dans le coma à la naissance il y a six ans. Je l'ai réveillé, et toi Domi, si j'avais eu le droit de te piquer à l'hôpital, je t'aurais sorti du sommeil dans les premiers jours de coma.

En soirée je discute avec Isabelle.

– Mais pourquoi les hôpitaux refusent-ils la venue de médecins comme lui ? Ont-ils peur de perdre leurs avantages ? Est-ce un problème financier ?

– Quand je pense qu'il t'aurait réveillé et qu'il n'est pas reconnu, honte à la France !

Le dimanche s'annonce morne. Très peu de visites, je suis fatigué, ma femme lasse. Une journée sans étincelle. Dorénavant quand Isabelle me place pour la nuit, il faut obliquer le lit pour que je voie la télé si précieuse dans les moments de vague à l'âme.

Au self, à la fin du repas, j'essaie de diriger mon fauteuil roulant avec mon bras droit devenu un peu valide et je m'accroche avec un autre jeune qui se met à rire éperdument.

– On est gauche, c'est incroyable !

– Et toi, ça te fait rire !

– Tu ne voudrais pas que je pleure tout de même. Tu sais j'étais en moto, chez moi à Montmorot et c'est un con en voiture qui m'a renversé, résultat, deux jambes cassées. Bientôt je marcherai avec des cannes et ensuite, la liberté.

Et il se met à chanter : « Liberté, liberté chérie ! »

– Ah, au fait tu es à quel étage ?

– Quatrième, chambre quatre cent vingt et une, et toi ?

– Moi, deuxième, chambre deux cent douze, alors à bientôt !

Il part en fredonnant une chanson.

Heureux, pour la première fois j'ai eu assez de forces pour remonter seul du self à ma chambre, tout ce trajet, sous l'œil amusé de l'ergo.

Les journées se suivent et se ressemblent. Je me suis repesé : 63 kg. C'est fou. A midi, j'ai mangé sur une chaise normale, c'est l'ergo qui m'a fait le transfert. Des petits riens qui me font très plaisir. A quand la sortie ?

Isabelle est catastrophée. La nouvelle ordonnance de l'acupuncteur est arrivée.

– Tu te rends compte : mille deux cent cinquante six francs pour vingt jours et bien sûr pas remboursée. Le tout écrit en chinois. Il faut que j'appelle le docteur demain pour qu'il me traduise.

Nos sortons pour oublier nos soucis. Nous trouvons un nouveau jeune, voisin d'infortune, il habite Saint-Vit, bourgade située à dix kilomètres de chez moi et il a été victime d'un accident de moto-cross sur le circuit d'Etrabonne très proche de mon village.

– Bon courage Philippe, j'espère que l'on se reverra !

C'est un jour merveilleux, le vingt-cinq mai, une future date anniversaire. Tout d'abord, dans la matinée, l'élève infirmière qui s'occupait sans compter de moi, vient me dire au revoir. Je lui souhaite bonne chance et lui fais cadeau d'une boîte de chocolats qu'Isabelle m'avait apportée à cet effet.

Mais le plus fantastique de cette journée s'est déroulé en fin d'après-midi pendant la séance d'acupuncture.

Pour gravir les escaliers qui mènent à la chambre où le médecin me donne les soins, Bernard est présent chaque semaine. Pour le seconder, ma femme demande l'aide amicale d'un homme. Aujourd'hui, le volontaire pour cette besogne, c'est Jean-Marc.

Comme précédemment, l'acupuncteur effectue des gestes presque rituels.

– Tire la langue… C'est bon.

Il me pique, fait brûler du moxa, me chauffe avec son champ magnétique, puis dit :

– Allez, les deux copains de chaque côté. Prenez Domi sous les épaules.

Jean-Marc et Bernard me prennent sous les bras puis me tiennent debout.

– Maintenant, Domi, tu vas avancer un pied, puis l'autre. En clair, marcher.

Surpris, j'ordonne à mon cerveau de soulever et d'avancer le pied droit. Stupéfait, je vois mon membre se mouvoir. Je commande mon pied gauche. Par contre, celui-ci se déplace latéralement, mais tout de même, c'est la preuve que je peux marcher. Seulement deux petits pas mais c'est aussi deux grands pas en avant.

– Isabelle, il faut que chaque jour Domi fasse quelques pas. Trouve un endroit tranquille, hors du centre, à l'abri des regards indiscrets, deux personnes le soutiennent. Mais attention, marchez modérément et si la jambe gauche tremble, ne vous inquiétez pas, c'est la spasticité ; il suffit d'appuyer sur le talon et de relever les doigts de pied le plus haut possible pour arrêter ces spasmes.

La soirée est merveilleuse, pleine d'espoirs, d'éclats de rire et de rêves.

VI
L'obstination

C'est un dimanche merveilleux qui commence. Nous nous questionnons sur le lieu où nous pourrons marcher discrètement. Chez Maudou, cela paraît impossible car le trajet est trop long et c'est visible du centre. Par contre nous avons pensé à l'Espérance, l'église face à ma chambre, mais nous demanderons la permission au prêtre qui vient chaque semaine me rendre visite. Nous décidons de commencer cette après-midi avec Isabelle et son père. L'heure suivant le repas, on me pousse en fauteuil roulant à la sortie du centre : l'église est à cent cinquante mètres. Nous franchissons un porche puis nous pénétrons dans le lieu de prières. Tout autour de la grande salle, nous découvrons des statues et en face l'autel précédé d'une grille et devant celle-ci, un espace suffisant pour marcher. Isabelle place le fauteuil à gauche, puis aidée de son père, elle me porte sous le bras et je marche sept pas. Puis l'un me tient tandis que l'autre approche le fauteuil. Heureux, nous nous dirigeons vers les anciennes salines royales et les filles découvrent un parc avec un toboggan. Elles y courent. Je vois Maëlle glisser sur le ventre.

– Maëlle, sur les fesses ! Sinon tu vas te faire mal !

– Mais papa, j'ai fait pipi dans ma culotte et ça ne glisse pas !

Les jours suivants, j'attends avec impatience dix-sept heures pour être autorisé à quitter l'établissement et m'engouffrer à l'Espérance pour marcher.

C'est Jacky, mon beau-frère, qui s'est proposé pour seconder Isabelle. Encore plus de pas et de l'avis général ils sont « presque corrects ».

De mieux en mieux. Aujourd'hui, j'ai marché le double de pas qu'hier. Avec joie, nous nous enfonçons dans la ville de Vilons où tous les trottoirs sont en pente douce pour les fauteuils roulants et nous dégustons une glace bien méritée. Une heure plus tard, de retour au self, j'y vois Eric, morose.

– Ça n'a pas l'air d'aller fort !

– J'en ai assez de Vilons. J'ai demandé à aller à Garches, et les médecins ne veulent pas. Pourtant, Garches est un centre réputé. Maintenant, je m'aperçois que je ne fais plus de progrès, que je ne travaille pas assez ici, alors je veux m'en aller.

– C'est sûr que c'est long, je pense qu'il faut avoir un but, une passion pour réussir.

– Tiens, à propos de passion, ça t'intéresse un bouquin sur la race montbéliarde ?

– Bien sûr, je veux !

– Je te l'apporterai ce soir.

– Merci et bon appétit.

Toujours l'Espérance qui porte bien son nom, toujours la marche, toujours plus et mieux. Par contre aujourd'hui, après les quelques pas quotidiens, je suis spastique, je tremble de la jambe gauche.

Isabelle appuie sur le talon et soulève les orteils et les tremblements cessent.

– Tu veux trop en faire ! L'acupuncteur a dit modérément en augmentant, pas en doublant chaque jour !

– Si je veux marcher en août, il faut que je m'affole !

– Tu sais ce que m'avait dit Mornaz ? Je ne te l'ai pas annoncé avant pour ne pas te faire de peine. Le deuxième jour après ton arrivée, je m'en souviendrai toujours, il m'a dit : « Madame Mausservey, votre mari ne remarchera jamais ! »

– Jamais ! Mais il est fou ce mec ! Il faut se sauver vite fait d'ici ! Je ne sais pas ce que tu en penses, mais moi je dis heureusement qu'Annick connaissait l'acupuncteur ! Au fait quel est son nom ?

– Holy, mais puisqu'il te tutoie, tu peux l'appeler par son prénom et c'est Fat-Hang.

Couché dans mon lit durant la sieste, je rêve : soudain la porte s'ouvre, je vois s'engouffrer Christine l'infirmière suivie d'un homme d'une quarantaine d'années, mon voisin de chambre, monsieur Dorati poussant énergiquement les roues de son fauteuil.

– Christine, viens je t'aime trop !

– Eh, mais ça va bien ! Tu ne sais pas qu'elle est mariée et que son copain est costaud !

Sur ces paroles, l'homme s'arrête et s'en va.

– C'est incroyable un obsédé comme ça !

– Tu imagines, Dominique, qu'il est marié et qu'il ne reconnaît ni sa femme ni ses deux petits gosses !

– C'est affreux, surtout pour sa famille !

En soirée, comme d'habitude, en cachette Isabelle me masse avec du gingembre et un liquide qui a une odeur particulièrement forte. Sitôt fini, une infirmière entre dans la chambre.

– Qu'est ce que ça sent ici ?

– Oh, rien ! Ce n'est qu'une potion que ma grand-mère m'a préparée. Pour lui faire plaisir, ma femme me masse avec !

Nouvelle séance d'acupuncture. Fat-Hang me précise que les progrès physiques vont s'estomper momentanément, qu'il faut fortifier mon corps. Pour cela, il m'a apporté ce qu'il appelle de l'alcool de tigre, à prendre trois fois par jour.

Dorénavant Isabelle en apportera tous les jours, car la bouteille porte des inscriptions en chinois. L'acupuncteur a également une ordonnance pour une nouvelle potion que j'espère meilleure que la précédente car tous les après-midi, à l'arrivée de ma femme, je dois boire cette décoction infecte.

Aujourd'hui, douche froide. Isabelle m'a annoncé que Fat-Hang prévoit pour moi quatre années sans pouvoir travailler. Quand nous sommes arrivés à l'Espérance, il y avait des personnes qui priaient. Nous avons attendu que ces chrétiens sortent, et ensuite, j'ai marché.

Comme chaque mois, le personnel du centre effectue une synthèse. Je suis au milieu d'une pièce, entouré des médecins, des spécialistes en rééducation, et j'ai aussi la parole.

– Quand me ferez-vous sortir et marcher ?

– Monsieur, pour un meilleur moral et puisque vous m'avez dit que votre beau-père a fait les transformations nécessaires dans votre logement, la sortie de fin de semaine peut être envisageable à partir du 15 juin. D'autre part, la phase de verticalisation dans le standing est concluante, mais vous n'avez ni force ni équilibre pour espérer vous déplacer debout.

Comme pour contredire Mornaz, le soir même je fais trente-six pas. Le soir, je veux regarder la télé complètement couché. Isabelle installe le lit de biais et la télécommande dans ma main droite. Super !

Aujourd'hui, j'ai passé le cap des soixante pas. Je tiens debout en appui sur la jambe droite presque sans chanceler. Isabelle ne cesse de me dire que je me métamorphose. En soirée, assis sur le lit, je m'occupe de la gestion de la ferme. Je remplis des chèques correspondant aux factures et ma femme les met sous enveloppe.

– Eh ! Qu'est-ce que tu écris là ? Ça fait combien ceci : douze mille francs.

– Facile ! Un million deux cent mille francs !

– N'écris jamais ça sur un chèque ! Tu parles en anciens

francs. J'espère que c'est le premier, sinon les fournisseurs vont rire !

– Mais que je suis con !

La matinée a mal débuté. Après la toilette, je me trouve seul avec une envie pressante. Sûr de moi, je me dirige vers les toilettes, tire la porte, approche mon fauteuil roulant de la cuvette des W-C, m'agrippe aux barres métalliques fixées au mur, me soulève, baisse mon pantalon, pivote et m'assois sur le trône. Là, j'entends une personne entrer dans la chambre.

– Mais où êtes-vous ?

– Aux W-C !

Je découvre une infirmière affolée…

– Mais comment avez-vous fait ? Dites-moi !

– Facile je me suis levé, tourné, assis. Le seul problème, c'est la main gauche que j'ai accrochée à la barre, et qui ne veut plus s'ouvrir.

– Vous auriez pu tomber ! Je vous interdis de recommencer, c'est trop dangereux !

Je réponds : « Oui », mais je pense : « Cause toujours ! »

Isabelle est arrivée tôt, car aujourd'hui, elle doit apprendre à faire les piqûres contre la phlébite en vue de mes sorties du week-end. Première patiente, une brave grand-mère. L'infirmière explique à ma femme la façon de procéder.

– Pince un gros bourrelet au ventre, enfile l'aiguille profondément et appuie lentement. Retire l'aiguille et compresse fortement la zone trouée.

Deuxième patient. Monsieur Dorati, tout sourire.

– Venez mes petites chéries !

Là, c'est au tour de mon épouse. Premier essai qui est concluant.

– Je ne vous ai pas fait mal ?

– Aucunement. Tes mains sont la douceur même !

Le lendemain, c'est moi qui fais le cobaye, mais ce n'est pas douloureux.

Le quinze juin 1991 fut un grand jour. Six mois, jour pour jour après l'accident, je rentre chez moi ! Isabelle me soutient pour le transfert du fauteuil au siège de la voiture. Dans les rues de Vilons, je m'étonne :

– Tu as vu les feux ? Ils ne sont pas normaux ! Le vert devrait être au-dessus et le rouge en bas…

– Mais non ! C'est justement l'inverse !

Nous nous arrêtons dans la famille, chez Jean-Marc et nous buvons du champagne plus que de raison. Pour finir nous faisons le tour des champs. Le week-end sera un incessant cortège d'amis venus me rendre visite. Mon beau-père a installé au salon, qui nous servira de chambre, une chaise percée, un rideau et une barre en métal pour me lever du fauteuil.

Le dimanche soir, déchirement. Il m'est difficile de quitter mon village, mes enfants et surtout de retourner à Vilons.

La semaine reprend son cours. A la toilette, l'ergo me laisse me laver seul le visage, le torse et les appareils dentaires à l'aide d'une brosse sur ventouse posée dans le lavabo. Le plus dur reste le rasage. L'ergo peaufine ce travail, me lave le bras droit ainsi que le corps sous la ceinture. Comme chaque soir, j'attends avec impatience l'heure de marcher à l'Espérance. Par contre, la phytothérapie quotidienne, apportée par Isabelle, est toujours aussi infecte… Heureusement, après ce breuvage, j'ai droit à des confiseries. Au souper, ma femme va chercher mon plateau au self et me laisse me débrouiller.

– Tu as vu comme mon bras droit est puissant et précis ?

– C'est un progrès important ! Ce n'est plus ta tête qui va chercher les aliments ! C'est ton bras qui va à la bouche !

– Tu sais que maintenant, à midi, je coupe ma viande de la main droite avec un couteau-fourchette. Ça ressemble à un hachoir emmanché et c'est efficace !

Pas toujours facile de trouver chaque jour des personnes pour me soutenir quand je marche dans l'église ! Aujourd'hui, nous ne sommes que les deux. Isabelle tient mon bras droit, tandis que je fige désespérément le côté gauche. Nous faisons un aller-retour vers l'autel, mais nous sommes heureux, car c'est un grand pas vers l'indépendance.

Ce matin en ergo, je suis avec un autre patient face à face, debout, je me cramponne à la table avec ma main valide. L'exercice consiste à jouer aux dames. J'appréhende une éventuelle chute lorsque je lâche la table de la main droite pour pousser un pion. Il y a bien quelques alertes de déséquilibre mais l'ergo veille sur nous. Pascal n'a pas de visite aujourd'hui, alors Isabelle le transporte dans ma chambre. Je lui parle, je fais les questions et les réponses car il ne peut communiquer, sauf hocher la tête pour nous dire oui… Triste vie…

Ouf ! Sortie hebdomadaire ce vendredi soir. Nous avons organisé une réunion de CUMA chez nous pour que je puisse y assister. Je replonge dans mon ancien métier, heureux de revoir mes voisins agriculteurs.

– Tu sais Domi, dit Isabelle, quand je te demande quelque chose, tu me réponds « Attends j'y vais ! ». C'est dur, car tu sais que tu ne peux pas y aller !

– Mais tu verras, grâce à Fat-Hang, bientôt j'irai.

– A propos de Fat-Hang, cet après-midi, acupuncture !

C'est la deuxième fois que nous nous rendons dans son cabinet à Besançon. Il y possède trois salles de soins où flotte un parfum oriental. Je suis étonné par la diversité d'objets étranges entreposés dans chaque pièce.

Comme d'habitude, arrivé devant chez l'acupuncteur, Isabelle va chercher Fat-Hang pour me soutenir dans la montée des huit marches qui permettent d'accéder à son cabinet.

– Aujourd'hui, je te tiens seul. Tu dois pouvoir monter l'escalier et tout à l'heure, pour descendre, tu t'agripperas à la rampe de droite.

Arrivés dans une pièce, Isabelle me déshabille et me couche en slip sur une table chirurgicale.

– Voyons voir. Bouge les doigts de la main gauche !

– Mais voyons, tu sais que c'est impossible !

– Je vais te prouver le contraire !

Sur ces paroles, il m'enfonce deux aiguilles dans l'avant-bras puis apporte un appareil sur lequel est inscrit « Battery ». Il appose deux fiches qu'il relie aux aiguilles. Il tourne un bouton et là, surpris, je crie. Je sens du courant électrique arriver à ma main et stupéfait, je vois mes doigts gauches pianoter sur la table !

– C'est de l'électroponcture.

– Eh bien, c'est génial…

– Oui, mais fatiguant.

En effet, je suis épuisé, mais je réussis tout de même à descendre seul les escaliers.

– Tu vois que tu y arrives !

– Oui, mais c'est grâce à la rampe.

– Maintenant, il faut que tu essaies de marcher seul avec une canne, tu dois y arriver.

Le soir même n'ayant pas de canne chez moi, je me déplace appuyé au mur et à la table. Pour les trajets sans appui, je traîne une chaise. Je me rends aux W-C seul. Je descends deux marches appuyé contre le mur, mais j'appelle ma femme qui me baisse les vêtements car, dans cette pièce, je n'ai pas de barre au mur pour me retenir .

Fat-Hang m'a prescrit deux cachets à prendre avant le repas de midi. Il nous en procure une boîte en attendant celles qui viendront de Paris. Nous décidons qu'à Vilons, tous les soirs de la semaine, Isabelle préparera dans une coupelle les médicaments sous de petits gâteaux secs.

Passionné de courses automobiles, je passe la soirée du samedi devant la télévision. Je regarde un Grand Prix enregistré par ma femme sur TF1 le week-end précédent.

Le dimanche sera agréable, mais le retour au centre est toujours triste. Je me retiens pour ne pas pleurer.

Avant midi, j'ai pris les médicaments, deux grosses noisettes brunes à pâte molle et au goût infect. Après je me suis vengé sur les gâteaux qui les recouvraient. En kiné, j'ai droit au travail d'une jeune stagiaire perdue au milieu de tous ces malades, mais très sympathique.

Les jours reprennent leur cours. En fin d'après-midi ma femme nous pousse, le fauteuil roulant et moi, vers l'Espérance. En chemin nous discutons.

– Hier soir, j'étais chez Annick et Fat-Hang est venu. Nous avons discuté longuement. Il m'a dit que ton bras droit sera au top dans quatre semaines.

– Tant mieux.

– Il m'a dit aussi que les ondes et l'énergie d'un homme sont très faibles quand celui-ci a trente-trois et trente-neuf ans.

– J'espère ne pas recommencer à trente-neuf ans !

Au retour, un attroupement s'est formé devant l'entrée du centre car une voiture bloque la seule entrée disponible pour les fauteuils roulants. Une infirmière alertée est allée prévenir le propriétaire, sans succès. Le père d'un invalide, excédé a écrit un petit mot et l'a posé sous l'essuie-glace du véhicule. Curieux, je lis ce qui est écrit dessus : « Si tu baises ta femme aussi mal que tu gares ta voiture, t'étonne pas d'être cocu. » Nous sommes contraints de faire le tour par le sous-sol que l'infirmière a ouvert afin que nous puissions entrer pour souper.

Dans un couloir, nous rencontrons Eric la figure tout égratignée.

– Qu'est-ce que tu as fait ?

– Figure-toi, que dimanche il y avait une course à pied à Vilons.

Le légionnaire et moi nous avons demandé aux organisateurs si nous pouvions la faire en fauteuil. Ils étaient d'accord. Nous sommes arrivés derniers, peu importe, après nous avons fêté cela au bistrot, à mon avis un peu trop. En rentrant, je ne sais pas ce qu'a voulu faire le légionnaire, quoi qu'il en soit, il est tombé. Moi, bon prince, je m'approche, me penche pour le relever et je chute aussi, d'où les blessures. Alors on a appelé jusqu'à ce qu'une veilleuse de nuit vienne nous redresser… J'avais peur parce que lundi, il était prévu que l'on retire mes broches. Heureusement, ça a marché ! Tu les verrais, elles sont toutes tordues !

Dorénavant, tous les jeudis soir, les amis qui quittent définitivement le centre m'invitent à arroser leur départ.

Christophe, le comique de Montmorot va partir demain. A 20 h, je vais quitter ma chambre quand arrive Jean-Marc.

– Tu tombes bien ! Viens nous allons faire la java !

– Mais où et avec qui ?

– Au self, c'est le pot de départ d'un copain !

Jean-Marc, accompagné d'Isabelle, pousse mon fauteuil roulant en direction du self. Arrivé, il est surpris par le nombre de jeunes handicapés qui osent faire la fête. Les personnes les plus valides nous offrent petits fours et boissons. La musique me donne le blues car il m'est impossible de danser.

Visite surprise du docteur Decalbe qui souhaite un bon retour dans la vie active à l'heureux patient. Fatiguée, ma femme me quitte, Christophe est un peu éméché. A 23 h, épuisé, je demande à Jean-Marc qu'il me remonte. Il me déshabille puis me couche.

– Si un jour on t'avait dit que tu me coucherais comme un gosse !

– On ne sait jamais ce que la vie nous réserve.

– Tu as vu, il est onze heures, Véro doit se faire du souci…

– Je sais. Il faut que je m'affole ! Salut !

Je suis toujours aussi heureux de partir en week-end ; pourtant Isabelle a une mauvaise nouvelle à m'annoncer.

– Je doute que tu sois bien assuré. Pour toi, c'est un accident du travail, donc ce sont les AMA qui doivent payer les indemnités journalières et tiens-toi bien, tu as droit à soixante-quinze francs par jour, pendant un an et c'est tout.

– Ce n'est pas possible ! Ils profitent que l'on ne peut pas se défendre pour nous achever !

Mais je suis tout de même heureux car je marche seul avec une canne anglaise. J'ai descendu des escaliers chez mes beaux-parents tout seul, mais appuyé au mur. Par contre, au rez-de-chaussée, j'ai dérapé et j'ai tapé mon coude gauche contre un angle. Maintenant mon escarre saigne.

Le dimanche est fait d'un défilé d'amis venus me rendre visite, donc je suis très fatigué et le retour sur Vilons est toujours aussi triste.

Je reprends une semaine de rééducation, désabusé. Pourtant, ce matin l'ergo m'a réappris à mettre des chaussettes, un slip, un pantalon de jogging avec une seule main. Le plus dur consiste à tenir debout, appuyer l'épaule gauche contre un mur pour relever mon pantalon de la main droite.

Lors de la visite des médecins, le docteur Mornaz m'explique :

– Puisque vous êtes plus spastique le matin que l'après-midi, on va déplacer les horaires d'administration des médicaments. Dorénavant, vous en prendrez deux à huit heures, deux à midi qui seront efficaces pour la soirée et deux à vingt-trois heures pour le lendemain matin. Donc la veilleuse de nuit vous réveillera à onze heures du soir et vous donnera deux « Liorésal ».

Je pense que cela va être très réjouissant de me sortir de mes rêves. Enfin, ne cherchons pas à comprendre...

Heureusement, la séance de kiné sera magnifique, la stagiaire me dit :

– Monsieur Mausservey, avant mon départ, à la fin de la semaine, je voudrais que vous retrouviez une sensation extraordinaire : celle de marcher. Prenez appui sur vos jambes, penchez-vous en avant, appuyez votre main sur l'accoudoir droit levez-vous. N'ayez pas peur, je vous tiens et maintenant marchez !

Je fais une vingtaine de pas.

– Asseyez-vous, vous devez être fatigué ?

– Oh, ça va...

Ce sont les seuls pas que je ferai en présence d'un kiné dans le centre de rééducation de Vilons.

Toujours la routine. Je m'aperçois de ma lassitude, je trouve le temps trop long. Pourtant, à l'Espérance j'ai marché sur trois largeurs d'église, la main tenant la grille devant l'autel et pour la dernière traversée, je me suis lâché de la main droite. Je n'étais pas rassuré mais je sais que j'y arriverai. Le soir au self, un nouveau jeune, accompagné de sa mère, se place à ma table. Il est garagiste et s'est cassé le fémur en tombant.

– Tu sais maman, demain je choisis une table de jeunes !

– Merci pour moi, je ne suis pas si vieux que cela !

Je stresse, car aujourd'hui c'est de nouveau une synthèse. Tout ce que j'ai retenu de cette réunion, c'est le mot vacances. Quinze jours en août, ça ne se refuse pas ! Je suis euphorique. En rentrant, dans les couloirs, je croise Eric, morose.

– Oh ! Toi tu déprimes !

– Il y a de quoi ! Imagine ! J'apprends que la gendarmerie ne veut plus de moi, que je ne toucherai plus que la moitié de ma paye au 1er janvier 1992, soit quatre mille francs et que six mois après mon accident, j'ai dû faire déménager mes meubles car mes employeurs ne m'hébergeaient plus ! Alors avec ces bonnes nouvelles, comment avoir la pêche !

Ce n'est pas le repas du soir qui lui remontera le moral.

Menu :

Salade de betteraves rouges
Pommes de terre grillées
Pomme

Tous les pensionnaires se plaignent, crient leur indignation, en vain.

Une pluie de bonnes annonces nous assaille. Tout d'abord, au self à midi, l'ergo, estimant que je peux me débrouiller seul, accepte que je me place à une table animée. Nous sommes dix garçons et filles, tous jeunes, au premier abord. Je remarque deux chanceux qui ne marchent qu'avec une canne. C'est plus plaisant de discuter et rire en mangeant. Deuxième bonne nouvelle : Fat-Hang est prêt à ausculter Pascal. Nous avons pensé le faire à l'Espérance, mais il nous faut l'autorisation du curé.

A dix-sept heures, ma sœur Christine, m'annonce une troisième bonne nouvelle.

– Franck et moi, nous avons décidé de nous marier quand tu seras sorti de ce centre.

Journée merveilleuse, mais toutes ces joies seront ternies par le refus du prêtre de laisser Fat-Hang ausculter Pascal dans l'église. Il nous faudra chercher un autre local.

Vendredi, c'est le jour des sorties définitives. Mais ce que je vois m'atterre. Deux personnes sortent, mais en fauteuil roulant. Je me pose des questions sur l'efficacité du centre, moi qui croyais que les récupérations étaient totales, sans aucune séquelle. Je tombe de haut, ce qui ne m'empêche nullement de rentrer chez moi pour le week-end.

Journée mémorable. Après plus de six mois d'inactivité sexuelle, Isabelle et moi avons fait l'amour. Les positions du Kama-Sutra que j'appréciais beaucoup sont désormais impossibles. Je reste couché sur le dos et ma partenaire imprime le rythme du désir. Le plaisir est toujours aussi intense et tous deux nous sommes heureux.

Encore une fois le retour sur Vilons sera pénible. Nous sommes trois à déprimer, Maëlle qui pleure « Papa, papa », Amandine qui veut dormir chez sa mamie et moi, las du temps passé en rééducation.

Toujours aussi fous ! Une note est affichée à l'entrée du self. « Après la disparition de serviettes, l'établissement ne vous en procurera plus. Les familles des patients ne sont plus admises au réfectoire. »

De toute façon, Isabelle m'accompagnera tout de même.

J'ai réussi, pour la première fois, à enlever puis à remettre seul les vêtements du bas sous l'œil critique mais sympathique de l'ergo.

En soirée, Isabelle et moi nous entendons des cris. Les appels viennent de mon voisin, monsieur Dorati. Isabelle va dans sa chambre prudemment car je l'ai avertie. C'est un homme gentil mais obsédé ! Elle découvre un fauteuil roulant les deux roues en l'air et un homme coincé en dessous. Les infirmières alertées redressent le véhicule et posent des questions.

– Je voulais me détacher !

– Mais, monsieur Dorati, si nous vous attachons, c'est parce que vous vous penchez dangereusement en avant !

– Mais cette ceinture me gène !

– Nous en reparlerons demain lors de la visite du médecin.

Dans la chambre, j'essaye de faire des pas seul, sans appui. Ce soir trois pas, c'est peu, mais c'est déjà un début.

Quand je m'ennuie, je lis ou relis mon auteur préféré : Bernard Clavel. Mais je m'aperçois qu'après deux heures de lecture, ma vue se trouble, sans gravité, mais cela m'inquiète. Au détour d'un couloir, collision de deux fauteuils roulants. C'est Philippe qui ne roule que sur les roues de derrière. Surpris, il me fixe puis m'interroge :

– Il y a quelque chose qui me chiffonne. Cela fait plusieurs fois que je te vois t'engouffrer dans l'église sur la petite place, alors je me demande si tu es un grand croyant.

– Tu me promets de tenir un secret ?

– OK.

– A l'Espérance, j'y vais pour marcher. Maintenant, je marche avec une seule personne à mes côtés, tandis qu'au centre ils pensent que je n'ai pas assez de force.

A l'église, je suis toujours en progrès. Ce soir j'ai fait quatre allers en agrippant la grille devant l'autel de la main droite. Ah ! Si seulement je pouvais le dire au centre ! Le kiné me ferait avancer, mais puisque pour Mornaz, je ne remarcherai jamais, alors…

Super. Ce soir je me sauve mais avant, rééducation obligatoire ! En ergo, je dessine un chat sur une feuille, puis je le peins. Qu'il est mignon ce petit chat noir et blanc. Quand il sera terminé, je le donnerai aux filles.

Excitation lors du repas. Eric propose à Caroline une balade sur la route du Tour de France cycliste. En effet, demain, le Tour traverse le Jura. Le pilote de l'hélicoptère de la gendarmerie a proposé à Eric, accompagné d'une personne de son choix, de les promener tout au long de l'étape jurassienne au-dessus des coureurs. Caroline est ravie et nous attendons le lundi prochain pour avoir le passionnant résumé de son voyage dans les airs.

Week-end sympa car Jean-Marc nous a invités au feu d'artifice du quatorze juillet dans son village. C'est dur de soutenir les regards des adultes lors de mon arrivée. Là, je discute avec des copains, des anciens collègues. Je rentre, heureux. Le lendemain, le retour sur Vilons sera d'autant plus difficile que je me pose la question : « Quand serai-je comme avant ? »

Isabelle a téléphoné à mon assurance. Les AMA lui ont annoncé que si j'étais à la maison ou à Vilons, en externe, il serait impossible de continuer à toucher les indemnités journalières qui s'élèvent à soixante-quinze francs par jour durant un an.

Comment allons-nous vivre ?

Ma femme s'est renseignée car elle me voit déprimer en rééducation, mon visage devient journellement blême.

Christine, l'infirmière remarque que je suis morose. Pourtant, au repas, nous avons bien ri. Caroline est fâchée, l'invitation d'Eric était un canular. Elle a attendu en vain l'hélicoptère toute la matinée.

Dans la soirée, après mes quelques pas dans l'église, j'en fais trois ou quatre sans appui dans ma chambre.

Jamais je n'ai effectué une synthèse si agréable. Mornaz m'a déclaré :

– En accord avec tout le personnel du centre, je vous offre une fenêtre thérapeutique de deux semaines du 2 au 18 août.

Si mes jambes avaient été totalement valides, j'aurais sauté de joie. Pourtant, dans la journée, l'humeur du personnel n'était pas saine. Après le petit déjeuner, je vais seul aux W-C. Mais je ne baisse pas assez la culotte du jogging et bien sûr, je mouille le slip et le pantalon. J'enlève d'une main les habits souillés, prend des propres dans le placard et tente vainement de remonter ces foutus vêtements. J'appelle une infirmière. Mal m'en prit, car celle-ci n'accepte pas que je sorte seul du fauteuil. Au même moment, arrive l'ergo. Les deux femmes se racontent mes péripéties et c'est au tour de la deuxième de me réprimander et de dire que je ne dois pas me lever seul car je vais détériorer mon épaule. Je ne vois pas le rapport.

Ce matin, lors de la visite du docteur Mornaz, mon bras sans raison apparente tremble. Le médecin déclare.

– Puisque les médicaments ne peuvent rien contre la spasticité, il faut envisager une infiltration.

Dans mon for intérieur, je me dis « cause toujours, je ne suis pas d'accord car une infiltration a des effets non durables ».

Isabelle a rencontré Mornaz et l'a questionné sur mes progrès à venir.

– Il ne peut pas encore s'appuyer sur sa jambe gauche, donc

nous ne sommes pas encore sûrs qu'il puisse remarcher. En ce qui concerne son bras gauche, aucun espoir.

Jeudi soir. Je suis invité à l'anniversaire d'un copain. Je me place, en fauteuil roulant à côté d'une jeune femme que j'ai remarquée, car elle est valide. Nous engageons la conversation.

– Tu as de la veine, tu marches sans un satané fauteuil !

– Tu parles d'une chance, j'ai trente-cinq ans, trois gamins et si je suis dans ce centre, c'est que j'ai la sclérose en plaques. A l'inverse de toi, je rentre à l'hôpital à pied et j'en ressortirai en fauteuil roulant.

– Excuse-moi, je ne savais pas que ça pouvait exister…

– Tu imagines quand mon petit de trois ans verra sa mère immobile, incapable de se déplacer ?

Pour calmer sa déprime, j'essaie de la faire rire avec des blagues de Coluche. La vie est vraiment mal faite. Je me demande parfois s'il y a un dieu. Si oui, pourquoi ?

Après avoir longuement arrosé l'anniversaire du garagiste, à deux heures je remonte dans ma chambre. Là, les problèmes commencent. Il faut que je me lève du fauteuil, prenne appui sur le lit pour me dévêtir et enfin que je m'enfile sous les draps. L'alcool aidant, mes mouvements se font plus imprécis, je me lève après bien des tentatives. Une fois debout, je m'avance pour me coucher, m'affale sur la couverture et là, horreur ! Mon lit bouge et je me retrouve le bras droit agrippé aux draps. J'essaie de me relever : impossible, je n'ai pas assez de force dans les jambes. Par chance, je peux attirer vers moi la sonnette des infirmières sur laquelle j'appuie frénétiquement.

Peu de temps s'écoule, et je vois arriver deux femmes hilares.

– Quand on ne supporte pas l'alcool, eh bien, on ne boit pas et on ne desserre pas les freins de son lit !

Honteux, je n'ose répliquer.

Remis de mes émotions, mais le cerveau embrumé, je souris à l'ergo pour la toilette.

– Il paraît que cette nuit on a voulu se rendre intéressant ?

– On ne peut rien vous cacher.

C'est vendredi et j'ai d'autres projets en vue. Tout d'abord, sitôt la sortie effectuée, direction Besançon pour y retrouver l'acupuncteur. Je me demande si des séances hebdomadaires me permettraient de quitter Vilons, car à mon avis je n'y fais rien.

– Tu peux quitter le centre seulement à la condition que tu retrouves un kiné.

Ma femme me regarde et me prend la main. En sortant de chez Fat-Hang, nous prenons la direction de Villers-le-lac, car nous sommes invités chez la sœur d'Isabelle pour le week-end.

Nous avons décidé d'aller en courses en Suisse et là, dans l'hypermarché je suis confronté aux regards des adultes qui sans aucune gêne me dévisagent et me montrent du doigt. Il est certain que je suis différent, mais j'ai tout de même le droit de « vivre ».

La routine reprend son cours. Lever, petit déjeuner, toilette, rééducation, repas, sieste puis l'église. L'Espérance, depuis que j'y marche, je la vénère. Ce soir, mon épouse et moi, nous marchons main dans la main.

– Tu sais si tu me serres toujours aussi fort les doigts tu vas les faire craquer et peut-être tomber. Après, je ne pourrai plus te rendre visite.

Dans quelques jours, vacances. Ayant été prévenu qu'après mes congés je ne retrouverai pas la même chambre, Isabelle vide jour après jour mon armoire et décolle les dessins du mur.

VII
Des difficultés insoupçonnables

LES VACANCES S'ANNONCENT AGRÉABLES. Chaque jour, je marche dans le village avec une canne. Ce dimanche, nous avons invité Fat Hang et sa famille. Il nous raconte sa survie au Cambodge. J'ai le moral car j'ai réussi à faire douze pas sans canne, ni appui.

Maëlle a la varicelle, alors je rencontre mon médecin, je lui dis mon intention de quitter Vilons et je lui avoue pour l'acupuncteur.

– Si l'acupuncteur le permet, je désirerais assister à une de vos séances. Par contre, pour que vous puissiez arrêter la rééducation maintenant, je dois demander conseil à un spécialiste que je connais.

Le lendemain, nous rappelons notre docteur qui nous assène une douche froide. Son spécialiste lui a assuré que pour mon bien, il fallait que je reste à Vilons, puis, il a ajouté que je devais marcher mais avec l'assistance d'un kiné, car j'allais prendre de très mauvaises habitudes et mon acupuncteur n'était pas apte à discerner les problèmes de marche.

Triste, je me replie sur moi-même et dessine pour mon associé de nouveaux plans pour notre future salle de traite.

En plus des problèmes médicaux viennent se greffer des problèmes professionnels. Combien de temps Jean-Marc acceptera de travailler pour nous deux ? Secondé par mon père, il doit soigner plus de trois cents bêtes et cultiver deux cent vingts hectares. Mon copain s'épuise à la tâche. Tout ceci à cause de moi et pour moi, il est exceptionnel.

Durant la séance hebdomadaire d'acupuncture, avec pour assistant mon médecin de famille, Fat Hang m'a peu piqué car j'étais trop énervé.

Le jour suivant nous rendons visite à notre médecin qui, impressionné et convaincu par Fat Hang, va faire le nécessaire pour m'intégrer dans un autre centre de rééducation… Ouf ! Les journées filent à une allure incroyable, je m'aperçois que pour une bagatelle, j'emploie un temps considérable. Je continue à marcher sans canne.

Un matin je reçois un appel téléphonique de Mornaz qui, mielleux, déclare : « Monsieur Mausservey, j'ai appris que vous aviez l'intention de nous quitter, mais pour récupérer votre autonomie, il faut que vous rentriez, surtout après tout ce que l'on a fait pour vous ! Je vous réserve une chambre individuelle. Imaginez que je possède une liste d'attente de trente patients, alors, je vous attends ».

– Non, ce n'est pas la peine.

Mornaz est pernicieux, car il m'a pris un rendez-vous à Vilons par le biais de mon médecin de famille. Depuis que je le sais mon bras gauche est tétanisé contre le torse.

Tous les jours nous assistons à un défilé ininterrompu de visiteurs et le soir, je suis très fatigué.

Ce matin, je me suis levé crispé car c'est le jour où je dois rencontrer Mornaz.

Dans le fauteuil roulant poussé par Isabelle, je frissonne à l'entrée du centre de rééducation. Le directeur nous reçoit froidement. Pour lui, il y a six mois, j'aurais dû dire non pour rentrer au centre. Il aurait perdu moins de temps à s'occuper de moi et il aurait pris un autre patient à ma place. Je ne remarcherai jamais comme il faut. Je fais une erreur monumentale. Puisque je ne veux toujours pas rentrer au centre, il ne me donnera pas de traitement et ne veut plus me revoir. Sur ces bonnes paroles, nous quittons son bureau. Dans le hall Christine et Eric m'apostrophent : « Alors on veut nous quitter ? »

– Les nouvelles vont vite !

– Sais-tu que tu aurais dû rentrer hier ?

– Oh, oui, je le sais !

– Tu as raison Domi, mais continue à travailler et bonne chance !

Quand je quitte le perron, sans un coup d'œil à l'intérieur de l'établissement, je suis soulagé.

A partir de ce jour, je fais des exercices chez moi ; avec mon bras droit, j'étire le gauche puis j'effectue un puzzle debout puis assis, j'écris une page et joue au badminton sur une chaise car, lors de notre dernière rencontre, Mornaz m'avait ordonné de rendre le fauteuil roulant. Et je réserve le meilleur pour la fin : marche de plus en plus longue.

Un nouveau problème se profile à l'horizon : mon prêt professionnel a été débité sur mon compte bancaire. La banque a été informée de mon handicap et j'espérais que mon assurance décès invalidité prendrait automatiquement le relais. Comme d'habitude, tant que l'on paie, il n'y a pas de difficulté mais dès que l'on demande de respecter nos droits... Aux explications demandées par Isabelle, le banquier lui répond qu'il faut prévenir leur assurance, la CNP, par le biais d'une lettre de notre docteur, ce que ma femme exécute sur-le-champ. Le cabinet médical nous informe que mon médecin de famille a trouvé un service de rééducation dans l'hôpital de Dole, je serai en hospitalisation de jour. Le plus gros problème, c'est de convaincre mon assurance accident, les AMA, de prendre en charge le VSL qui fera l'aller retour, soit soixante-quatorze kilomètres matin et soir. Nous avons rendez-vous avec le chef de service dans deux jours.

Des progrès infimes et surprenants se produisent aussi hors du milieu hospitalier. Ils sont à la fois psychologiques et sympathiques. Isabelle remarque que j'ai retrouvé mon humour d'avant, mes expressions habituelles.

C'est l'anniversaire de notre première rencontre, Isabelle et moi. Cela s'est passé sur un bal monté, il y a douze ans. Heureuse coïncidence, car nous allons rendre visite aujourd'hui à ce qui sera mon prochain lieu de rééducation. L'hôpital Louis Pasteur de Dole est un bâtiment imposant qui comporte trois ailes.

Nous nous dirigeons vers les ascenseurs. En traversant le hall nous distinguons les échoppes d'un fleuriste et d'un buraliste. Arrivés au deuxième étage, nous apercevons une aile réservée à l'ophtalmologie, la seconde est constituée des chambres du service de rééducation et la troisième, où nous nous dirigeons, recèle tous les spécialistes de l'autonomie. C'est là que nous rencontrons le chef de service, Monsieur Lambert, qui nous invite dans son bureau. C'est un petit homme barbu et affable qui nous explique la vie de son service. Pour ma part : arrivée en VSL à 10 heures ; orthophonie de 10 heures à 10 heures 30, ergothérapie de 10 heures 30 à 11 heures, kinésithérapie de 11 heures à 12 heures, repas en chambre à 12 heures, et reprise des activités avec la psychomotricienne à 14 heures. Kinésithérapie de 14 heures 30 à 15 heures 15, et enfin ergothérapie de 15 heures 15 à 16 heures puis retour en VSL.

Je suis surpris par la quantité de travail à effectuer en comparaison à Vilons et fâché par la présence d'une psychothérapeute. Ma tête fonctionne bien, merci.

Rendez-vous est pris dans quatre jours, si les AMA sont d'accord.

La réponse favorable est arrivée rapidement. Donc je commence ma rééducation au Centre Hospitalier Général Louis Pasteur de Dole trente-cinq jours après avoir quitté Vilons.

Je fais connaissance d'un ambulancier très courtois, Pierre. Nous avons une passion commune : la compétition automobile. Pierre est un ancien rallyman : le trajet passe inaperçu car une respectueuse amitié mutuelle se crée.

A neuf heures quarante-cinq, sur le parking proche de l'hôpital, Pierre va chercher un fauteuil roulant qui sera dorénavant le mien. Il le déplie, puis avec son aide, je m'installe dedans et l'ambulancier me pousse jusqu'à l'ascenseur. Là, nous gravissons les deux étages. Pierre tient à me présenter Magali, la secrétaire du service. La jolie jeune femme est heureuse de rencontrer un jeune patient. Elle m'indique, avec le sourire, ma chambre : le numéro 237. Je suis surpris par le nombre incroyable de fauteuils qui encombrent l'allée du service et je m'aperçois que la moyenne d'âge des patients est élevée. Pierre prend congé et je me dirige vers les toilettes. Etonné par leur taille, je peux faire demi-tour à l'intérieur et des barres d'appui sont judicieusement fixées aux abords de la cuvette pour faciliter le déplacement des invalides. A dix heures, je pars en orthophonie vers le local qui m'a été indiqué par Magali. La porte s'ouvre sur une jeune femme blonde. Elle m'explique que pour la première séance, comme tous ses collègues, elle va rédiger un bilan des séquelles et des orientations à prendre pour y remédier. De dix heures trente à onze heures, c'est au tour de l'ergothérapeute de juger les progrès à effectuer pour que mes membres supérieurs soient plus fonctionnels. A onze heures, c'est le kinésithérapeute Philippe qui doit rendre son verdict. Je marche entre deux barres parallèles puis avec une canne en « T ». Je lui raconte que c'est la première fois que je marche devant un kiné. Il salue ma ténacité mais déplore mon attitude physique qui consiste à avancer le bassin tourné vers la gauche, et prédit une longue thérapie pour y remédier. A douze heures, mon repas est servi dans la chambre. Nous sommes quatre hospitalisés de jour dans cette pièce avec un lit attitré à chacun. Mes compagnons ont tous passé l'âge de la retraite. Chaque début de semaine, une diététicienne nous propose plusieurs menus. Comme je suis difficile, ce choix va favoriser mon insertion dans ce milieu. Après le déjeuner, je m'allonge sur mon lit, me jurant d'apporter demain un livre pour ne pas m'ennuyer. A quatorze heures, une jeune femme se présente à moi comme étant la psychomotricienne. Je la suis dans son bureau. Elle m'explique qu'elle n'est pas une psy, comme nous l'entendons tous. Elle pratique une rééducation par la prise en charge totale du patient, grâce à la relaxation et à d'autres artifices. J'en reste perplexe, surtout que sitôt son petit discours terminé, elle me demande de me dessiner. C'est bien ce que je pensais. Tous les psys ont disjoncté. Bon élève, je me représente, bien droit, une casquette sur la tête et un panier d'œufs à la main gauche. Sans commentaire, elle classe mon œuvre. Une demi-heure plus tard, je vais en kiné puis en ergo. A seize heures, un autre ambulancier me ramène chez moi mais je ne suis pas pressé car je dois boire ma potion chinoise. Elle est toujours aussi répugnante. L'après-midi se termine et je regarde Isabelle vaquer à ses occupations. Le soir, je m'endors comme un bienheureux.

Comme prévu, le lendemain, j'apporte un livre pour me distraire après le repas. Au retour, je suis exténué : si à Vilons, je travaillais deux heures par jour, ici, c'est quatre heures de rééducation et je m'étonne d'avoir somnolé dans le VSL. J'apprends de nouvelles façons pour devenir plus indépendant. Par exemple, pour prendre des notes, l'ergo m'a donné un antidérapant, pièce souple plastifiée qui adhère à une table et sur laquelle je pose une feuille qui ne glissera pas quand j'écrirai. En effet, il y a beaucoup de gestes impossibles à effectuer avec le bras gauche mais indispensables dans la vie quotidienne. Je rencontre de nouveaux malades. J'ai remarqué un prêtre hémiplégique droit et aphasique. Dommage qu'il ne puisse pas parler car je voudrais connaître ses sentiments à l'égard de la religion et de Dieu depuis qu'il a été victime d'un AVC. Il y a également des moments distrayants en rééducation. Cet après-midi, en kiné, une petite mamie discutait avec son spécialiste attitré en l'appelant « Monsieur le curé ». Mais j'apprends par Philippe que l'aphasie peut être une perte de la parole, mais aussi, et c'est le cas ici, une perte de la mémoire.

Samedi Fat-Hang m'a trouvé très détendu. C'est l'effet « Dole »... Isabelle et moi nous avons réintégré notre chambre à coucher à l'étage. Donc chaque soir, je dois gravir des escaliers, aidé par une canne en « T » que mon père m'a offerte, mais ce soir je ne sais pas ce qui m'est arrivé : à mi-hauteur, déséquilibré, j'ai lâché ce qui me servait d'appui pour agripper de la main droite la rampe qui se situe à gauche. J'en suis quitte pour une grande frayeur.

En rééducation, l'ortho me précise que je n'articule pas assez mais que je parle posément. Je lui annonce qu'avant l'accident je bégayais énormément. L'arrêt de cet inconvénient est, à mon avis, le seul acquis favorable de ma chute. Je m'aperçois que les progrès se font par paliers, deux semaines sans amélioration, puis huit jours avec des résultats encourageants.

Je prends mes petites habitudes à Dole. Après le déjeuner, je lis jusqu'à la reprise des activités, mais en kiné, Philippe se plaint de mon manque de tonus.

– Demain, sieste obligatoire, Virginie viendra vous réveiller pour la séance de psycho.

– Mais je n'ai pas du tout sommeil.

Pour récupérer, il faut être dynamique et non somnolant, de toute façon, c'est un ordre.

Le jour suivant, je m'allonge sur mon lit à 12 heures 30. Après un repos qui m'a paru court, Virginie m'appelle : « Debout, votre ambulancier vous attend ».

– Mon ambulancier, mais quelle heure est-il ?

– 16 heures 30. Vous dormiez si bien que nous avons décidé de vous laisser vous reposer.

– Si vous me faites encore une fois ça, jamais plus je ne referai la sieste !

Furieux, je regagne ma famille.

Les jours suivants, Virginie me réveille à 14 heures. Nous avons reçu une lettre de la CNP, assurance des emprunts du Crédit Agricole qui nous donne un rendez-vous chez leur médecin conseil. Ce dernier doit déterminer si mon handicap est compatible avec ma profession d'agriculteur. Ce spécialiste m'ausculte, prend des notes, mais ne me dévoile pas son verdict.

Une nouvelle potion est arrivée, toujours des plantes et des animaux, mais cette fois-ci, le prix est élevé : deux mille quatre cents francs pour trois semaines. Cette somme et les séances d'acupuncture ne sont pas remboursées.

Après le repas, je bois ce bol de décoction et je sens mon estomac qui refuse puis rejette ce « médicament », et je me jure de boire dorénavant la phytothérapie avant les repas.

Nous avons été invités à une réunion du syndicat agricole dans le lycée de Dannemarie. A vingt heures trente, Isabelle pousse mon fauteuil roulant dans l'amphithéâtre. Après quelques mots du responsable départemental, je suis applaudi par toute l'assemblée. Heureux malgré tous les problèmes rencontrés par mes condisciples, je rentre avec la certitude de bientôt les imiter.

D'ailleurs, le lendemain encore réunion. Cette fois-ci c'est le CETA où se réunissent tous les jeunes de notre petite région. Il est décidé d'élaborer un court-métrage cinématographique pour exposer la vie agricole cantonale. Tous les amis me désignent pour écrire le scénario. J'accepte.

Durant la semaine suivante, chaque soir, j'apporte des touches nouvelles à notre future association. Jean-Marc et moi, GAEC ou EARL, règlement intérieur, produits et charges, emblavements, UGB, investissements, etc.

A Dole, je suis surpris par la jeunesse de la dernière patiente. C'est une fillette blonde de trois ans. Elle va deux fois par semaine en psycho car elle ne marche que quand une personne lui tient la main. C'est un rayon de soleil dans le service car elle nous fait de gros bisous et s'amuse comme une folle, assise dans un fauteuil roulant.

Nous sommes convoqués chez le docteur de famille. Nous y allons, anxieux. Dans son bureau, le médecin va droit au but :

– J'ai reçu le rapport du médecin conseil de la CNP. Je vous lis le passage effarant : « Compte tenu de son handicap, M. Mausservey peut exercer une profession qui dégagera un bénéfice ».

– Mais il fou !

– Je vais lui répondre qu'il m'envoie la liste des métiers susceptibles d'être exercés par vous, en lui précisant que c'est pour remonter le moral à votre famille.

Nous profitons de la présence du médecin pour qu'il examine les petites plaques blanches situées sous les orteils de mon pied gauche, qui sont apparues il y a quelques jours.

– Rien de grave, ce sont des mycoses, champignons qui se développent à l'abri de l'air, et les baskets sont des chaussures favorisant la transpiration et les champignons.

– Oui, mais je ne supporte que les baskets.

– Je le sais parfaitement, et là est le problème, mais avec une pommade, ça part rapidement.

L'entreprise d'ambulances emploie quatorze chauffeurs, donc, il est rare que Pierre m'accompagne. Les jours où je voyage avec lui, nous bavardons de « formule un », notamment. Ce matin, il me parle de Mansell, le pilote. Il me demande mes opinions sur sa valeur. Moi je regarde des chantiers d'ensilage, je me souviens d'il y a un an…

– Alors Monsieur Mausservey, on ne s'intéresse plus à Mansell !

Je ne réponds pas, le visage tourné vers l'extérieur. Embarrassé, je tourne ma tête face à lui, deux grosses larmes perlant sur mes joues.

– Excusez-moi, je pensais vous distraire, mais je ne m'imaginais pas que la vue de tracteurs pouvait vous faire aussi mal.

– Vous savez, ce n'est pas d'aujourd'hui, cet été, quand j'ai vu mon ouvrier presser la paille, j'ai pleuré.

Nous avons de plus en plus de mal financièrement à faire vivre notre petite famille. Excédés par le refus du Crédit Agricole d'arrêter les remboursements des emprunts et par la lenteur des assurances à me verser une pension, nous décidons d'écrire au conseiller général du canton. Nous lui racontons nos déboires, l'accident, le départ de Vilons, la rééducation à Dole, le refus de la CNP, l'immobilisme des AMA, l'arrêt de l'emploi d'Isabelle pour effectuer à ma place les gestes de la vie que je ne peux pas réaliser. Nous lui demandons qu'il joue de son influence pour que se termine cette terrible injustice.

J'exécute de nouveaux exercices en ergo, je tape à la machine à écrire pour stimuler la rapidité de la main droite. En psycho, pour accroître mon équilibre, j'écris debout au plus haut d'un tableau avec seulement la craie pour m'agripper. En kiné, accroché à une barre, je marche latéralement.

Je partage ma chambre avec un nouveau venu. Il s'agit d'un homme de vingt-cinq ans, joueur de football opéré du ménisque. Il est agréable de pouvoir discuter avec un jeune.

Samedi, nous allons, Jean-Marc et moi, visiter une exploitation laitière en vue des travaux que nous allons prochainement exécuter. Nous prenons des mesures, nous écoutons les conseils. En marchant sur une allée bétonnée, je trébuche sur un petit monticule de foin. C'est la preuve que l'équilibre n'est pas encore acquis.

Les dimanches, nous sommes toujours occupés. Aujourd'hui, c'est le baptême d'un petit cousin. J'y rencontre le fils du président cantonal du syndicat agricole. Le jeune homme m'offre de la part de son père un pin's d'une grande manifestation paysanne à Paris. De plus, ce cadeau donne l'heure. Je suis touché quand on pense si gentiment à moi. Puis, avec toute la petite famille, nous nous rendons à une exposition de trains miniatures. Sitôt arrivés, je reconnais un ancien patient de Vilons. Il marche en clopinant mais sans aucune aide. A quand mon tour ?

Dans la salle, j'ai du mal à tenir debout, les visiteurs me poussent sans s'apercevoir que je tiens une canne. Dans cette foule, nous perdons Maëlle. Isabelle se démène pour la retrouver, et moi, j'assiste impuissant à la folle poursuite de ma femme qui rejoint notre petite fille. Soulagés, nous décidons de rentrer.

A Dole, je me plains de ma vue de l'œil gauche qui se trouble après une demi-heure de lecture. L'infirmière me prend un rendez-vous en ophtalmologie dont le service se situe au même étage que la rééducation. L'après-midi, je m'y rends. L'exercice consiste à appuyer sur un bouton toutes les fois que j'aperçois un éclair lumineux sur un écran. Le verdict tombe. Oeil gauche huit, œil droit dix. Un médecin me convoquera dans quinze jours car il est probable que ma vue baisse encore.

25 novembre. Sainte Catherine.

Je me souviens qu'avant, tous les ans, à cette date je me rendais à la foire de Vesoul. Dépité, je suis obligé d'accepter ma condition. Heureusement pour le moral, à l'hôpital, les kinés ont coiffé une de leurs collègues du chapeau de catherinette.

Philippe, qui s'est aperçu de ma déprime, essaye de me divertir, me fait découvrir une vue de la chaîne des Alpes et du Mont-Blanc visibles par temps clair depuis l'hôpital. Il me relate la célèbre nuit des escarres organisée dans le service. Je vais pouvoir postuler car celui de mon coude gauche est encore important. Je suis très étonné d'apercevoir, en dehors de la robe de chambre, la poche d'urine d'un vieil homme poussant son déambulateur.

Chez moi, tous les matins, assis sur une chaise face au lavabo, je me lave seul. Isabelle doit terminer, car le bras droit, le dos et les fesses restent désespérément secs. Il me faut tout de même deux heures pour faire ma toilette. Souvent, le dimanche, je prends un bain. Je m'assieds sur le bord de la baignoire, je passe ma jambe droite et ma femme la gauche, puis elle m'agrippe sous les aisselles et me retient quand je me laisse glisser. La sortie est encore plus dure pour mon épouse puisque je ne peux l'aider à m'extirper de l'eau, mon pied droit glisse et mon bras valide n'est pas assez énergique.

Le docteur Lambert vient souvent rendre visite à ses patients. Il me voit marcher en salle de kiné.

– Monsieur Mausservey, essayez de lever devant vous le pied gauche en marchant.

Je m'efforce d'exécuter ce geste simple, mais ma jambe part latéralement. Le médecin me fait asseoir, examine ce satané membre et déclare :

– Je vous prescris une orthèse, ce mot barbare signifie releveur de pied. Un spécialiste viendra prendre vos mesures et avec cet appareil votre chaussure doit se dresser droite.

Encore une visite médicale pour définir si ma situation est bien celle d'un handicapé. Cette fois-ci, c'est le médecin de Groupama qui me convie à cet examen. Tout d'abord, il y a une marche à l'entrée. Ceci est très pratique pour un invalide. Je découvre un jeune homme sympathique.

– Eh, bien, cela va mieux que la première fois où je vous ai vu !

– Mais je ne suis jamais venu ici.

– Non, c'est en réanimation que je vous ai rencontré alors que vous étiez dans le coma.

– Pourquoi, l'assurance croyait que je jouais la comédie ?

Il m'ausculte et rédige son diagnostic à l'aide d'un « Dictaphone ».

Même le soir, je reçois des visites. Au souper, un maquignon frappe à la porte.

– Bonjour Dominique, tu me reconnais ?

– Oui, t'es le pape ! Mais bien sûr que je sais qui tu es ! Tu achètes à très bas prix les jeunes bovins aux paysans dans la misère.

– Oh, mon pauvre petit !

– Ah, s'il te plaît ! Pas de pitié. J'ai horreur de ça !

– Mais dis, tu es diminué, mais pas sexuellement ?

– Toi, t'es comme tous les vieux. J'ai failli mourir, mais le plus important, c'est : « Est-ce que tu baises ? »

– Je vois que ta femme sourit, donc ça marche, dit le curieux.

Comme je repasse une visite d'ophtalmologie, j'exécute les mêmes exercices que la fois précédente. Mais le verdict est terrifiant. Œil gauche 4, œil droit 6, donc obligation de porter des lunettes. En psycho, j'arrive les yeux rouges.

– Mais vous avez pleuré !

– Oui, je lis « La Femme lapidée ». C'est terrible.

– Vous n'avez pas plus gai ?

– Mais non, ce n'est pas à cause de ça. Je viens de l'ophtalmologiste. Quatre et six, donc pour la fin du livre, il faudra que je m'équipe.

Visite hebdomadaire chez Fat-Hang. Je lui annonce la baisse de ma vue.

– Tu aurais dû me le dire plus tôt, je vais y remédier.

Il me pique dans le cerveau.

– Tu sais, Domi, tu es un de mes rares patients à supporter la décoction et l'électropuncture. Avec tout ceci, tu vas encore progresser.

Virginie me réveille. Maintenant, j'apprécie la sieste. Après avoir dormi, je suis plus attentif et appliqué à tous les mouvements que l'on me demande d'effectuer.

En me poussant dans le couloir, elle s'étonne :

– Ne trouvez-vous pas que vous avez pris du poids ?

– Pensez-vous ! A Vilons je ne pesais qu'un peu plus de soixante-trois kilos.

– Vous allez vous peser car j'ai l'impression qu'aujourd'hui ce sera un grand plus.

En effet, la balance indique quatre-vingt-six kilos.

– Ce n'est pas possible, elle est fausse !

– Elle est tout ce qu'il y a de plus juste, mais voyez-vous, avec ce poids, il vous est moins aisé de vous déplacer. Faites un régime chez vous et si cela ne suffit pas, j'en parlerai à la diététicienne.

Le soir même, j'établis avec Isabelle la marche à suivre. Tout d'abord, bannir le pain, ne pas se servir plusieurs fois, ne pas grignoter entre les repas et enfin chaque jour prendre quatre arkogélules, deux d'ananas et deux d'orthosyphon. Ces médicaments phytothérapeutiques ont déjà fait effet sur ma femme pour d'autres ennuis.

Décembre, la date anniversaire de l'accident approche. Le docteur Lambert est venu à la fin de ma sieste et m'a annoncé que vu mes résultats encourageants, à partir de Noël, je ne viendrai que trois jours par semaine. Super, je resterai plus longtemps vers ma petite famille. Cela ne m'était jamais arrivé. Avant, le travail m'accaparait, puis la rééducation intensive m'empêchait d'être disponible.

Depuis deux semaines, je mange dans une salle réservée aux travaux manuels et à la télévision. Je déjeune avec une jeune fille victime d'un accident de moto et de deux femmes âgées, toutes deux souffrent d'une fracture du col du fémur. L'ambiance est agréable. Le seul ennui est que je n'arrive pas à expliquer à Julienne que je ne m'appelle pas Raymond, mais Dominique.

Hourra ! Grâce à l'appui du conseiller général nous avons eu gain de cause : le Crédit Agricole va nous rembourser l'échéance du prêt que nous avions versé cette année et une lettre nous précise que l'assurance prend en charge les années restantes. Le même jour, la MSA nous indique qu'elle va nous envoyer un virement correspondant à la pension d'invalidité et à l'allocation tierce personne. La MSA nous précise qu'elle se retourne contre les AMA car c'est à l'assurance de me payer.

Sûrement allégé, je réussis pour la première fois à sortir et me lever seul d'une voiture. Par contre, deux jours plus tard, une douche froide vient me terrasser.

Jean-Marc m'a prévenu de sa visite pour ce soir. Je me prépare à lui dévoiler mes nouveaux projets pour notre future association.

Vingt heures trente. Il arrive. Je le sens gêné, il s'assoit et m'explique :

– Tu sais Domi, ce que j'ai à te dire n'est pas facile et j'aurais préféré ne pas avoir à te l'annoncer un jour. Depuis un an, j'exploite les deux fermes mais notre situation n'est pas claire. Mon comptable me demande de choisir un GAEC avec toi ou une EARL avec ma femme, car l'année prochaine je serai imposé sur le bénéfice réel. M'associer avec toi, je serais d'accord si tu avais récupéré plus vite, mais regarde. Tu sais que tu ne pourras jamais retravailler dans une ferme. Ce n'est pas pour te faire du mal que je te dis cela, c'est pour que tu ouvres les yeux. Nous deux, il y a un an, c'était une très bonne solution. Aujourd'hui, c'est impossible. Il ne faut pas se voiler la face.

Pour toute réponse, je pleure. Peut-être a-t-il raison, l'avenir nous le dira.

J'ai sangloté toute la nuit, je me suis promis de ne rien montrer à Dole. Virginie est la première à s'apercevoir de ma déprime. Elle me questionne et je craque. Mon explication est accompagnée de larmes. Puis elle me dit que ce n'est pas facile à accepter mais qu'il faut vivre avec son handicap, que sitôt que j'aurai fait le deuil de ce que j'étais avant, ma rééducation progressera.

Cela fait déjà trois nuits que j'ai un sommeil très agité, sinon pas de sommeil du tout. Pendant la séance d'acupuncture, Isabelle relate à Fat-Hang les faits de ces derniers jours.

– Il y a un point contre le stress, explique l'acupuncteur, il se situe juste sous le nez. C'est là que je vais te piquer mais chez toi, dans les moments d'angoisse, appuie avec ton doigt au même endroit, ça te soulagera.

Après m'avoir installé dans le VSL, Pierre me sourit.

– Paraît-il qu'on n'a pas le moral ? Magali vient de me dire que vous êtes triste.

– Oh, oui !

– Eh bien, si vous êtes d'accord, nous allons faire Dole-Chazoy en roulant toujours à 90 km/h, (limitation de vitesse oblige) lignes droites, virages compris ! Ce soir nous avons la Rover essence, je peux vous montrer ce que peut faire un petit rallyman comme moi !

– Oh, oui, super !

En ville Pierre conduit sobrement.

– Ce n'est pas le fait de rouler à 150 km/h qui est intéressant, mais c'est de négocier des virages à la limite. Aujourd'hui, je serai en dedans des frontières de la sortie de route.

Dans la campagne, l'asphalte se met à défiler, les routes rectilignes ne me procurent guère de sensations, mais par contre dans les virages, lorsque la voiture part en travers et que d'un petit coup de volant, Pierre la redresse, c'est sublime ! Par contre, pas de dépassement inopportun, ce qui prouve la grande sagesse du pilote. C'est la première fois que je savoure ce style de conduite. Piètre copilote mais témoin attentif, je voudrais que ce trajet ne se termine jamais.

Néanmoins, j'arrive chez moi, heureux. Verdict de la montre : Vingt-cinq minutes. Avant de quitter Pierre, j'insiste : « On recommencera, promis ! »

– Si cela vous a plu, OK, mais cet hiver, sur la neige et avec la même auto.

Nous avons la visite d'une employée des AMA qui nous dit tout net :

– Je ne sais pas par quel artifice vous avez décidé la MSA à vous verser une pension d'invalidité et une allocation tierce personne, mais c'est auprès de nous qu'il fallait faire la démarche ! Maintenant que la MSA a payé, nous allons être obligés de continuer. Normalement vous n'auriez dû toucher ces sommes que lorsque vous serez consolidé, c'est à dire, quand le médecin en rééducation nous aura signifié que vous ne faites plus de progrès.

– Ah, oui ! Et en attendant, je vivrais de quoi ?

– Là n'est pas la question, c'est la loi.

– Mais si, voilà où est le problème. Le kiné m'a dit que l'on pouvait progresser pendant cinq ans. Alors je vois mal de quoi je pourrais vivre, mais puisque l'AMA est obligée de continuer les versements, c'est parfait.

Nous nous rendons Isabelle et moi à la mutuelle pour recevoir les lunettes que nous avons commandées. Je les ai choisies résolument jeunes, montures noires et fines. Mon apparence va changer, mais il le faut car dernièrement, je ne pouvais pas lire plus de dix minutes avant que ma vue ne se trouble.

Cela fait un an que je suis tombé, certes, j'ai progressé mais il me reste tant à faire. Il suffit de lire mon emploi du temps pour s'apercevoir que je ne suis plus comme les autres et que je souffre de la dépendance.

7 heures. Lever, Isabelle me met mon caleçon alors que je suis encore couché, puis elle m'aide à m'asseoir et à enfiler ma robe de chambre.

En appui de la main droite sur le lit, je me lève et me dirige avec une canne vers les escaliers. Je laisse la canne au premier étage, agrippe la rampe droite puis descends les marches. Arrivé au rez-de-chaussée, j'effleure le mobilier pour m'asseoir sur une chaise. Ma femme qui a récupéré la canne vient me servir le petit déjeuner, sans oublier les médicaments contre la spasticité et pour le régime. Lorsque je suis à table, à ma demande, chaque jour, Isabelle me reprend :

– Redresse la tête, tu penches à gauche. Apporte ta cuillère à la bouche et non l'inverse !

Puis toilette. Je vais aux W-C, seul mais pour me relever j'ai besoin de l'aide de ma femme. Salle de bains, je m'assois sur une chaise, face au lavabo. Là, je me rase, me lave les dents, une brosse sur ventouse est nécessaire pour le nettoyage des appareils dentaires. Avec un gant de toilette, je me nettoie tout, excepté le bras droit, le dos et les jambes.

Il est 9 heures lorsque je termine. Le VSL me transporte jusqu'au service de rééducation où je vis en fauteuil roulant. Huit heures plus tard, je rentre souvent exténué. A 17 heures, j'ai droit à la décoction qu'Isabelle m'a préparée et que je bois avec dégoût. Mais, puisque c'est efficace…

Avant le dîner, à 19 heures 30, je lis et j'écris. Après le repas du soir, W-C puis ma femme me soutient à droite lorsque je gravis les marches car il n'y a pas de rampe d'escalier de ce côté. Avec son aide, je me déshabille, puis elle me masse avec du gingembre la jambe, le bras gauche et la colonne vertébrale. Enfin, elle m'installe sur le côté droit. Le lendemain matin, elle me retrouve dans la même position.

VIII
Le deuil

J'apprécie de plus en plus les séances de psychomotricité. Virginie est en quelque sorte ma confidente.

– Je ne sais pas si vous vous souvenez. Durant les premiers mois, vous étiez agressif envers moi et à l'opposé, quelquefois, vous riiez sans raison apparente. Pour ma part, je crois que vos rires étaient là pour cacher votre anxiété vis-à-vis de votre handicap et de votre avenir professionnel. Vous vous apercevrez plus tard que ce que vous a annoncé votre copain va vous aider plus que vous nuire. Avec un deuil et un moral d'acier, les progrès ne peuvent être qu'énormes et soyez-en sûr, tout le service s'efforce de vous faire progresser… Maintenant, en psycho, je vais être intransigeante sur votre attitude physique. Il ne faudra pas vous vexer quand je vous dirai : « Bassin droit, bouche fermée, tête droite, ce sera pour votre bien vis-à-vis du regard des autres ».

J'ai reçu mon orthèse. C'est une semelle en plastique que l'on place dans la basket, sous le pied. Elle est prolongée par une pièce métallique qui s'élève jusqu'au mollet, et là, une sangle la maintient contre ma jambe. Il est vrai qu'avec cet artifice, ma marche est métamorphosée, je ne fauche plus latéralement à gauche mais mon pied s'élève droit devant moi.

Vingt-trois décembre et Noël. Des dates terribles.

Je repense à mon anniversaire et à la nativité. Il y a un an, alors que j'étais dans le coma, j'ai fait souffrir toute une famille. Mais il faut que je me ressaisisse pour lui apporter tout l'amour qu'elle mérite.

Dorénavant, je ne vais que trois fois par semaine à Dole. Lundi, mercredi et vendredi. Mercredi, avec une aide soignante, nous sommes six patients à tour de rôle pour préparer des pâtisseries. Aujourd'hui, nous faisons un gâteau au citron. Je dois casser les œufs avec les doigts de la main droite, enlever les coquilles tombées, puis mélanger tous les ingrédients dans une jatte posée sur un antidérapant pour remuer sans tenir le plat. Puis, quand les pâtisseries sont cuites nous les partageons avec tous les invalides du service.

Pierre vient me chercher. Il pousse le fauteuil roulant dans l'ascenseur et nous descendons ensemble les deux étages. Arrivés au rez-de-chaussée, les portes s'ouvrent. Aussitôt, une foule de visiteurs s'engouffre dans le monte-personnes. Pierre, ulcéré bloque la porte à l'aide de l'interrupteur et lance au groupe :

– Merci pour votre amabilité, mais nous voudrions bien sortir !

En dehors, dix mètres plus loin, nous nous retournons. Les personnes attendent car elles ne savent certainement pas déverrouiller les portes pour que l'ascenseur s'élève. En rentrant nous traversons une petite commune : Saligney.

– Ici, je connais un jeune de vingt ans qui a plongé dans une piscine d'un jeu inter-villages et qui en est ressorti tétraplégique.

– Il a eu moins de chance que moi !

– Si on peut appeler ça une chance, j'étais au Samu ce jour-là. Mais croyez-moi, secourir un jeune de cet âge, c'est triste !

Mon régime est efficace. Je ne pèse plus que soixante-quinze kilos, donc j'échappe à la volonté de la diététicienne. Dans le couloir, j'aperçois une jeune fille qui pleure. Je ne sais comment l'aborder, alors comme un lâche je passe mon chemin. Plus tard j'évoque cette rencontre à Virginie. Elle me dit que la femme sort du coma, qu'elle est désolée car elle se rend compte qu'elle a beaucoup perdu en intelligence.

– Je pouvais être comme cela quand j'en suis sorti.

– Certainement, mais tous les cas sont différents.

Il y a des travaux dans le service, une entreprise peint toutes les pièces, nous sommes obligés de changer de locaux sans cesse, j'en profite pour découvrir toutes les pièces de rééducation.

En psycho, exercice difficile : pour ramasser une balle, je dois plier les genoux et garder le torse droit. En flexion l'équilibre est précaire. C'est pourquoi, de retour chez moi, Isabelle à mes côtés, je répète les mêmes gestes. Mais quand je l'apprendrai à Virginie, elle va se fâcher et m'interdire d'exécuter des mouvements dangereux à la maison...

J'ai deux nouveaux collègues dans ma chambre, tous deux victimes d'accidents inattendus. L'un, une jambe cassée suite à une chute de l'escabeau sur lequel il était monté pour changer une ampoule, l'autre, l'épaule broyée par une balle lors d'une partie de chasse. Quand je leur annonce que je suis hémiplégique, suite à un accident de tracteur à l'arrêt, ils ne peuvent que rire...

Nous ne naissons pas égaux entre nous, car je vois un kiné portant dans ses bras un bébé. Lors de ma séance avec Philippe je le questionne sur l'âge et la maladie du nourrisson.

– C'est un nouveau-né de dix-neuf heures seulement. Il est pied-bot et nous l'avons ausculté pour lui faire porter une prothèse...

Je me désole de cet hiver sans neige car Pierre, l'ambulancier, m'avait promis de jolies glissades en voiture sur des routes enneigées... Fat-Hang, que je vois toutes les semaines, s'étonne de mon manque d'équilibre et me recommande un vélo d'appartement. Après son achat, je tente d'escalader l'objet, mais assis sur la selle, le guidon tenu par la main valide, il faut que je m'appuie contre un mur avec l'épaule droite pour ne pas tomber. Donc cet appareil est sans effet, et soulagé, je rejette le vélo aux oubliettes.

Maëlle est toujours aussi chipie. Ce matin, je cherche mon orthèse car elle ne se trouve pas à l'endroit habituel. C'est alors que je vois ma petite fille avec mon appareil atteignant son bassin : elle boitille tout en riant aux éclats.

Le soir, nous sommes invités chez les beaux-parents et nous visionnons des films vieux de deux années. Je me vois courir, lever les bras au ciel et je pleure en silence.

Ma cousine Martine qui est venue me rendre visite plusieurs fois à Vilons est hospitalisée à Dijon, au Bocage. Elle est enceinte et doit rester toujours alitée pour garder son bébé. Isabelle et moi, nous décidons de lui apporter un peu de réconfort tous les quinze jours.

Ma chevelure dépasse les normes de la bonne tenue, donc je prends rendez-vous chez le coiffeur. Ma femme m'accompagne. Elle indique à l'employée l'emplacement de mes cicatrices pour éviter de malencontreux coups de peigne et pour laisser dessus plus de cheveux qu'ailleurs afin de les rendre invisibles. Mais la coiffeuse en étirant les racines détache d'énormes plaques blanches du cuir chevelu. Elle nous invite à voir un dermatologue le plus tôt possible.

Nouvelle thérapeutique chez Fat-Hang. Il me pique le dos puis place des ventouses sur les aiguilles. Aussitôt, je sens la peau s'élever dans le bocal de verre. L'acupuncteur explique :

– Une fois par semaine, toi, Isabelle, tu lui mettras des ventouses que tu achèteras. C'est simple. Tu tiens, au bout d'une pince, un morceau de coton. Tu le trempes dans l'alcool à brûler, tu l'enflammes, de ta main gauche tu prends une ventouse, tu mets le feu à l'intérieur puis rapidement tu appliques le verre sur la peau de Domi. Tout ceci pour faire circuler plus rapidement le sang. Regarde, tu les poseras sur le dos, côté gauche, de l'épaule jusqu'aux reins. Une douzaine suffira. Tu vois, celles de l'omoplate sont violacées, par contre, celles du bassin sont roses. On ne pourra arrêter que lorsque celles du haut seront couleur peau.

Par contre, pour trouver une pharmacie qui vend des ventouses, c'est la galère. Souvent, ma femme essuie des quolibets. Nous ne possédons pas de pince métallique fine, alors nous la remplaçons par une pince à cornichons. Les débuts de ma femme sont laborieux. Souvent les gobelets tombent. Après une dizaine d'essais infructueux, la technique est assimilée. Je le sens, car, lorsque la prise est bonne, lors de l'enlèvement, je souffre à en crier.

Les séances d'orthophonie sont à mourir de rire pour le visiteur, mais nullement pour moi. Tout d'abord, la langue tirée, je dois rejoindre la commissure des lèvres. J'ai beaucoup de difficultés pour y arriver du côté gauche, puis je dois articuler :

– Sta, sda, sto, sdo, sti sdi, stu sdu.

Cela paraît simple, mais il m'a fallu deux mois pour pouvoir prononcer correctement le « sta », et ensuite ce sont des « cra, gra, cro gro, cri gri, cru gru et cré gré ».

Un petit progrès, mais c'est un pas vers l'indépendance. Maintenant je vais seul aux W-C chez moi. Arrivés chez Fat-Hang, il observe les marques des ventouses faites il y a trois jours :

– C'est parfait, je vois qu'Isabelle a vite pris l'habitude !

– Eh, oui !

– Maintenant c'est à toi Domi de prouver ce que tu sais faire. Chez toi, trouve une barre verticale.

– L'extrémité de la rampe d'escalier.

– Debout face à elle, tu agrippes ta main gauche au poteau s'il n'est pas trop gros puis, avec ton bras droit, tu avances, puis tu recules le plus possible pour étirer ton bras gauche.

Le quinze de chaque mois, je déprime. Hier, je me suis dit :

Il y a quatorze mois tout s'écroulait. J'imagine le matin de mon accident et l'avenir si je n'étais pas tombé. Puis, je me ressaisis car il faut que je fasse le deuil de ce que j'étais avant. Avant. Un mot qui revient souvent à mon esprit.

J'ai fait un grand pas dans ma décision d'arrêter l'agriculture. J'ai loué les terres et les bâtiments agricoles qui m'appartiennent, à Gilles, l'ouvrier de l'année dernière qui s'installe, le premier avril, sur mon ancienne exploitation. D'autre part, avec le CGER, mes parents et moi, liquidons tout le matériel, les animaux et les stocks. Quand les ventes seront effectuées, la dissolution de ce groupement familial pourra être déclarée.

Nous ne sommes plus que deux à prendre notre repas en salle de télévision. Les deux mamies nous ont faussé compagnie après leur guérison. Reste la jeune fille.

– Tu sais, Dominique, je pars dans une semaine, mais avant, je veux te montrer quelque chose.

A ma surprise, elle agrippe sa coiffure, la tire en avant et une perruque glisse sur d'autres cheveux courts et en bataille.

– Tu vois, avant l'accident, j'avais de longs cheveux blonds. A l'hôpital, ils me les ont coupés et, de honte, je les cache.

– Eh, bien ! Ça fait plusieurs semaines que je te côtoie, et je n'aurais jamais soupçonné que tu portais une perruque. Mais ne t'inquiète pas, moi aussi j'ai été rasé et ça repousse.

– En combien de temps ?

– Alors là, aucun souvenir !

Après le repas, nous décidons d'aller rendre visite à Magali hospitalisée dans le service.

– Salut secrétaire !

– Salut les jeunes ! C'est sympa de venir me voir.

– Franchement, à te voir toujours courir dans les couloirs, je me suis dit plus d'une fois : « Elle va se faire mal, mais de là à porter une minerve, je n'y comprends plus rien ! »

– Ce sont les nerfs qui font des nœuds et j'ai demandé au docteur Lambert de venir dans le service.

17 avril. Philippe me dit : « Vous avez fait d'énormes progrès, maintenant il faut franchir l'étape supérieure. Ce soir vous quittez le fauteuil et désormais à chaque fois que vous viendrez ici, vous vous aiderez d'une canne en « T ».

– J'en ai une, je l'apporterai. En tous cas je ne suis pas mécontent de laisser mon carrosse. Cela fait plus d'un an que je le supporte.

– Mais attention, pas d'excès de zèle ! Je vais prévenir le VSL qu'il vienne en avance car vous n'allez pas courir !

En effet, j'ai mis un quart d'heure avec une canne, pour aller du service au parking…

Fat-Hang a trouvé une autre astuce pour me faire souffrir. Il pose une ventouse sur l'épaule gauche, là ma peau se soulève, mais horreur ! Il tire jusqu'au bassin le récipient qui s'accroche désespérément à l'épiderme, et ceci plusieurs fois de suite ! J'ai le dos marqué d'innombrables bandes violacées.

Elles seront encore visibles la semaine suivante.

En psycho, Virginie me propose de peindre au doigt le dessin de mon choix. Je décide d'effectuer cette œuvre d'art pour la fillette de trois ans car c'est son après-midi de rééducation. Je m'applique tel Léonard de Vinci et sur la feuille la petite sirène ressemble à une fée.

Je croyais ma marche assurée. Loin s'en faut. Dimanche, invité à dîner chez ma sœur, je me lève de table pour aller aux toilettes. Je déambule dans le couloir, pousse une porte et là, je ne vois pas une marche et je chute lourdement. Il faut l'aide d'un homme pour me relever. Lundi matin, je suis aux W-C. Je baisse mes vêtements puis je m'assois, mais je ne suis pas en face du siège : encore une fesse meurtrie ! Là, Isabelle me soulève par l'épaule gauche et je prends appui du bras droit sur la cuvette. Lundi midi à Dole, je traverse le couloir en direction de ma chambre quand une grosse femme me bouscule. Bloqué sur le carrelage, je fais appel aux infirmières.

Ah ! Ce fichu équilibre ! Et à quand la force de me relever !

Préoccupé par le manque de progrès du bras gauche, je demande à Virginie :

– Franchement, et s'il vous plaît, pas de réponse évasive : Est-ce que mon bras gauche va revenir comme avant ?

– Tout dépend de votre lésion au cerveau, mais j'ai connu beaucoup d'hémiplégiques, et rares sont ceux qui ont retrouvé l'autonomie parfaite du membre supérieur. Mais ça arrive, alors espérons !

Les invitations se suivent. Ce dimanche, nous sommes invités au repas des amis de La Chapelle des Bassots. A l'entrée de l'église un jeune homme me place avec tous les égards dus à mon handicap. A table, pas de regards désobligeants. Les habitants du Haut-Doubs me surprennent.

Ma condition m'a permis d'estimer la bienveillance des adolescents courtois, empressés, sans être curieux. Arrivé chez ma nièce, elle se hâte de retirer mon manteau, de placer ma chaise. Sans vouloir devenir un monarque, j'apprécie cette gentillesse.

Comme d'habitude, le docteur Lambert me rend visite en plein travail. Je suis attablé avec Virginie, attentif à déposer un cylindre du jeu « Chamboultou ».

– Alors la précision, elle se travaille ?

– Dur, dur, la rééducation.

– Monsieur Mausservey, je vous observe et j'en déduis qu'il faut mettre à profit chez vous ce que vous réussissez ici. Pour cela nous allons passer à deux jours d'hôpital par semaine, le lundi et le vendredi. Qu'en pensez-vous ?

– Je crains le jour ou vous déciderez d'une seule journée par semaine !

– Non, je suis partisan de deux jours minimum.

– Docteur que pensez-vous de ma marche ?

– L'orthèse a rectifié la marche latérale, mais maintenant c'est le genou qu'il faut travailler. Il ne se plie pas et je ne vois pas de solution.

Sur le conseil de la coiffeuse, nous obtenons un rendez-vous chez un dermatologue.

Dans son cabinet, il m'ausculte.

– Vos plaques blanches proviennent de la cicatrice que le neurochirurgien a exécutée lors de l'opération. Je vais vous prescrire un shampooing et une lotion à appliquer deux fois par semaine. Dans quinze jours, ce phénomène doit avoir disparu mais continuez le traitement deux mois.

Je m'aperçois que désormais je peux lever le bras gauche jusqu'au cou. Il y a encore quelques mois, je pouvais effectuer ce geste seulement quand j'étais très contrarié. Par contre, il m'est toujours impossible de le redescendre sans l'aide du membre droit. De plus, je marche quatre cents mètres avec ma canne et sans fatigue.

J'essaie mes maigres talents de poète.

Ma belle-sœur fête son quarantième anniversaire, alors, prévenant, je lui donne un poème sur les affres de la gériatrie. Plus tendre sera celui destiné à Virginie, et élaboré à l'occasion de son mariage.

J'ai l'impression que mon moral s'accroît. Maintenant, plus de programmes irréalistes. Par contre, avec Isabelle, je discute de projets concernant notre couple, notre famille.

Ma femme est alitée, je fais appel au beau-père pour me conduire au rendez-vous de Fat-Hang. Arrivés, il faut me dévêtir. Nous sommes gauches mais il est bon de savoir que l'on peut trouver facilement de l'aide. Le soir, à table, nous racontons ces anecdotes, mais Maëlle ne comprend pas.

– Vous étiez trois dans le cabinet, vous deviez être serrés ?

– Mais ce ne sont pas les W-C, le cabinet du médecin, c'est la salle où il nous guérit. Si tu veux je demanderai à Fat-Hang de vous faire visiter son cabinet, ta sœur et toi.

Avec l'accord de l'acupuncteur, quinze jours plus tard, les deux fillettes assistent à une séance. Quelque peu intimidées, elles sont surtout impressionnées par le nombre important d'aiguilles plantées dans le crâne et le dos. En prenant ma main Maëlle me dit :

– Ben dis donc, ça doit faire mal papa !

– Mais non.

J'attends l'ambulance. Les filles jouent au salon.

– Eh, pris mon pin's ! râle Maëlle.

– Comment ?

– Eh, pris mon pin's !

– Dis Domi, toi qui fait de l'orthophonie, tu pourrais traduire !

– C'est simple, Maëlle a dû perdre un pin's !

– Non papa, eh, pris mon pin's !

Amandine interprète :

– Elle ne sait pas où sont les « Play-mobils ».

– C'est ça Maëlle ?

– Bin oui ! Eh, pris mon pin's.

Heureusement que les deux petites filles sont là pour égayer les journées.

En psycho, je demande à marcher sans canne.

– O.K. Mais ne le faites pas chez vous, même avec une personne à vos côtés !

Je déambule dans les couloirs pendant une demi-heure sans alerte.

– Puisque vous avez pris de l'assurance, je vais faire un essai.

Arrivés dans sa pièce, elle dépose de petits clous à même le sol.

– Voilà, à terre, il y a dix clous. Les jambes droites, vous vous penchez en avant pour les ramasser un à un et chaque fois, vous vous relevez pour déposer la pointe dans ma main.

Exercice périlleux que j'exécute avec appréhension et finalement, avec bonheur car le résultat est positif. Ce sont des petits riens qui me remplissent de joie.

Un copain vient me rendre visite, ce qui est de plus en plus rare.

– Tu sais Domi, je te comprends, dit-il.

– Ah, non ! Si tu veux connaître mon handicap, c'est simple. Mets ton bras gauche en écharpe toute une journée sans t'en servir. Alors là, tu auras une petite idée de mon problème car tu auras encore la rapidité, l'équilibre et la mobilité de tout ton corps. C'est impossible de se rendre compte de tous les gestes irréalisables !

C'est l'époque des élections, mais hélas la mairie du village est inaccessible. En effet, il faut gravir un nombre important de marches d'escaliers sans rampe, alors nous nous rendons à la gendarmerie voisine pour établir une procuration. Quand l'agent me demande ma profession j'hésite, puis finalement je déclare « invalide ». Je préfère ce nom à celui de handicapé qui est trop péjoratif à mon goût.

J'apprends que Mornaz a quitté le centre de Vilons pour diriger un autre établissement en Bretagne. Je serais curieux de connaître le motif de la mutation. Promotion ou punition ?

Les assurances AMA ont versé à la suite de la MSA, les sommes trimestrielles suivantes. Pension d'invalidité à quatre-vingts pour cent, cinq mille deux cent quarante-quatre francs et allocation tierce personne quinze mille deux cent quatre Francs. Je suis étonné qu'un handicapé ne touche pas le tiers d'argent reçu par la personne qui subvient à ses besoins. C'est encore une ignominie à laquelle doit faire face l'invalide.

J'ai du vague à l'âme. En effet, aujourd'hui Jean-Marc et Gilles ramènent les vaches laitières à Chazoy. En prévision de notre association, nous avions, Jean-Marc et moi, fait le trajet inverse il y a seize mois. La réalité est dure et cruelle.

Après le massage par ventouses, j'ai droit au japonais. C'est simple : prenez un tube en carton rigide de cinquante centimètres de long, un Asiatique aussi déterminé que Fat-Hang puis serrez les dents et frappez en rythme sur la zone à guérir. En effet l'acupuncteur m'assène des petits coups secs et répétés sur les muscles du bras gauche, tout ceci pour activer l'afflux sanguin. Le résultat immédiat est une plaque violacée sur tout le membre.

A Dole, la fillette de trois ans a beaucoup progressé. Actuellement, elle se lâche pour marcher. La coquine prend les stylos dans la poche de Virginie et les sème dans le couloir.

En ergothérapie, je reconstitue un puzzle de la France, mais les pièces ont la forme d'animaux. Je me demande à quoi cela peut me servir dans ma rééducation, mais comme un bon élève, j'obtempère. Et puis, cela deviendra un nouveau jeu pour les filles !

Par hasard, je découvre les pages d'écriture que je traçais il y a huit mois pour réapprendre à former les lettres. Elles sont illisibles.

Après les difficultés que nous avons dû surmonter, nous avons décidé, Isabelle et moi, de désigner, par acte notarié, les tuteurs de nos filles si nous venions à disparaître. Cela peut paraître désuet, mais mon stupide accident nous a permis de réfléchir différemment.

Virginie trouve toujours de nouvelles idées. Dans le couloir, face à moi, elle me lance un ballon. Sitôt que je l'ai attrapé du bras droit, je fais un pas, puis le lui relance. Mais quand je ne le récupère pas, c'est à moi de me déplacer pour le ramasser. Marcher, bloquer le ballon, le rouler le long de la jambe, le tenir dans la main droite, revenir à la place initiale, quel sport ! Un autre exercice, plus compliqué, toujours dans le même couloir : Marcher à reculons. Cela peut paraître simple, mais par peur d'être déséquilibré, je traîne mon pied gauche. Conclusion : Peut mieux faire !

L'orthophoniste me demande de cligner des yeux.

– Pourquoi ?

– J'ai remarqué que le côté gauche du visage est figé, je voudrais m'assurer que cela vient de votre accident.

Donc, j'obéis. Je cligne de l'œil droit, puis l'œil gauche mais les deux yeux se ferment. Impossible de tenir le droit ouvert !

– Vous voyez, vous avez aussi une paralysie de la face. De plus, quand vous riez, la bouche est en biais.

Je dors mieux car, depuis peu, je réussis à me retourner dans le lit sans aide, mais par contre, il me faut beaucoup de place et souvent je pousse Isabelle.

Samedi, nous allons dans la galerie marchande d'un hypermarché. Pour me déplacer plus rapidement, Isabelle me tient sous l'épaule, ma canne dans sa main, et ma belle-sœur me soutient de l'autre côté. Je ne cours plus, je vole. Les clients nous regardent surpris de nous voir hilares. J'accepte un peu mieux le regard des autres. Après cette course effrénée, je m'assieds sur un banc. Des bambins curieux s'approchent de ma canne l'air interrogateur. Je leur parle, ils sourient. Aussitôt que les mères s'aperçoivent que nous dialoguons, elles s'empressent de retirer leurs chérubins.

Assis aux côtés de Maëlle, je m'aperçois qu'elle ne parvient pas à habiller sa poupée.

– Donne que je t'aide !

– Non, papa, tu sais bien que tu n'as qu'une main !

Le lendemain, je rentre dans la salle de bain, elle s'empresse de m'apporter une chaise plus lourde qu'elle devant le lavabo.

– Tiens papa !

Ce petit bout de trois ans est la gentillesse même.

La routine et les galères recommencent avec une nouvelle semaine. Je voudrais tant ne plus être une charge pour Isabelle, notamment dans l'habillage, car pour mettre un tee-shirt, elle est obligée de tirer sur mon bras gauche toujours plaqué contre mon torse, passer la manche au-dessus du coude, étirer le col pour y enfiler la tête et enfin lever le bras droit, seul geste où je peux atténuer ses efforts. Le même procédé est répété pour les pulls et les blousons.

Nous avons reçu la potion chinoise. C'est le sommet de l'ignominie : scorpions, mille-pattes, vers de terre, carapaces de tortues et diverses herbes. Le prix, la vue et l'odeur vous font fuir, mais l'efficacité vous invite à y goûter.

A Dole, j'apprends que l'ergo nous quitte. Je ne suis pas déçu car j'estime qu'elle se souciait peu des difficultés engendrées par une hémiplégie. Elle sera remplacée dans deux semaines. Durant ce temps, c'est une aide-soignante , déjà animatrice de la pâtisserie qui prendra en charge la rééducation de mes mains.

Il y a un mois, nous avions décidé, Isabelle et moi, de prendre une semaine de vacances dans un village en pension complète.

Avant, mes congés annuels n'excédaient pas huit jours et j'avais toujours le souci de la bonne marche de mon exploitation. Maintenant, tout a changé : plus aucune inquiétude. C'est avec l'association « Renouveau » que nous avons loué un logement à Roquebrune sur Argens dans le Var.

Grande fut ma surprise de rencontrer tous les toilettes des aires de repos de l'autoroute aménagés pour les handicapés. Le village vacances est paradisiaque. Nous logeons dans une chambre de plain-pied avec terrasse. Les locaux administratifs sont proches. Soleil, piscine, cigales : le paradis. Première difficulté : Dans le cabinet de toilette, il n'y a pas la place pour placer une chaise. Donc je me rase et me lave debout. J'appréhende, mais je réussis. C'est un progrès. Ma femme m'a acheté des spartiates pour mieux marcher dans le sable. En les enfilant, je m'aperçois que je ne peux pas étendre convenablement les orteils du pied gauche.

Après trois jours sans rééducation, mon bras est plus raide, il faut que j'exécute les exercices que Fat-Hang m'a enseignés. Les balades en short attirent les regards indiscrets car l'orthèse choque les personnes valides.

Lors d'une promenade, une femme m'accoste.

– Excusez-moi, monsieur. J'ai remarqué que vous étiez hémiplégique et je voudrais savoir si vous acceptez ce handicap. J'ai moi-même une fille dans le même état que vous depuis six mois.

– Moi, madame j'ai été victime d'un accident du travail, il y a seize mois. Je vis ce handicap mais j'ai du mal à l'accepter. Dites à votre fille que c'est long, dur moralement, mais qu'il faut espérer. Et pour vous, je dirais surtout n'ayez pas de pitié pour votre enfant ; c'est le plus mauvais service que vous lui rendriez car il faut être fort pour avoir le courage de lutter.

– Je vais vous dire pourquoi elle est hémiplégique. Elle avait mal aux dents, le dentiste ne voyait rien d'anormal. C'est en réanimation à l'hôpital que le médecin s'est aperçu que ma pauvre petite avait un abcès sous une molaire et qu'un caillot de sang était monté au cerveau et puis…

La femme s'effondre, en pleurs. Je tente de la soulager en posant mon bras droit sur son épaule.

Le jour suivant notre retour, nous recevons un appel téléphonique de ma belle-sœur.

– Dites les jeunes, j'ai appris qu'il existe une association à Besançon pour les invalides. Elle se nomme la FNATH. Je pensais que cela vous intéresserait.

– Bien sûr, merci !

Sans tarder, nous appelons l'organisme qui nous donne rendez-vous le lendemain matin. La FNATH du Doubs est l'antenne régionale d'une direction nationale. Elle s'efforce d'apporter conseils et appuis aux accidentés du travail et aux handicapés. Heureux de trouver enfin des personnes qui comprennent nos vrais problèmes, nous y adhérons.

J'ai la surprise d'apprendre en kiné qu'il y a douze ans, Mornaz était à la fois chef de service à Dole et à Vilons.

– Oui, il venait deux jours par semaine, explique Philippe. Il critiquait nos façons de faire. Comme par enchantement, les patients, certains de retrouver une autonomie partaient pour Vilons. On ne pouvait pas discuter avec lui.

– Quand il est parti, j'ai respiré, conclut le plus ancien des kinés.

Dorénavant, j'ai deux nouvelles collègues pour déjeuner. La première, une femme proche de la retraite, a été victime d'un AVC. Il en résulte, comme séquelle, une hémiplégie droite. C'est une femme triste et aphasique que je découvre dans son fauteuil roulant. La deuxième, Marie-France est une jeune de vingt-huit ans avec qui je sympathise.

– Je vois que tu as les mêmes problèmes que moi !

– Eh bien ! Ce côté gauche qui ne veut rien faire. Toi, ça t'est arrivé comment ?

– Accident de tracteur à l'arrêt. Bref, j'ai fait une chute de trois mètres sur la tête, une artère à éclaté dans le crâne, cinq semaines de coma et me voilà, dix-sept mois après. Et toi ? Accident de voiture ?

– Oh, non ! J'ai fait une hypertension à l'accouchement de mon premier bébé. Trois semaines de coma et voilà trois mois que je suis handicapée. Je voulais aller à Vilons, parce que paraît-il, il y a plus de jeunes, mais le docteur Lambert me l'a déconseillé. Il m'a dit qu'il y avait, dans le service, un homme qui avait quitté Vilons pour Dole.

– Le transfuge, c'est moi. Il est vrai qu'à Vilons on trouve beaucoup de jeunes. Le personnel est sympa, mais il y a un directeur avec lequel je ne m'entendais pas du tout. Il paraît qu'il a changé d'établissement et sincèrement je pense que maintenant l'ambiance doit être meilleure.

– Tu as mal des fois, toi ?

– Jamais.

– Parce que moi, la douleur dans le bras est horrible. Je voudrais te demander : certaines personnes disent que l'on entend dans le coma.

– Moi, je n'ai rien perçu, et toi ?

– Moi si. Quand ma famille parlait, je comprenais tout !

– Ton gosse, qui le garde ?

– Ma sœur qui habite tout près. Il me manque. Pourtant je le vois tous les après-midi mais je ne peux pas le prendre dans mes bras.

– Il faut avoir espoir.

– Toi, tu as de la chance, tu n'as plus de fauteuil !

– Tu verras, dans un an, toi aussi tu le quitteras !

– J'espère.

Virginie est heureuse, elle sourit, tandis que je la regarde vider l'étagère d'un placard et disposer des récipients sur la table. Je ne peux m'empêcher de déclarer :

– La psycho est folle, et ça rime !

– C'est vous qui allez faire le fou ! Prenez la vaisselle et rangez-la sur le rayonnage le plus haut.

– Mais je disais ça pour plaisanter !

– Tandis que moi, c'est sérieux, si je faisais la folle tout à l'heure c'était pour m'assurer que vous avez de l'équilibre, le buste droit et les bras tendus et attention le verre, ça casse !

Avec plusieurs alertes, j'ai réussi, mais avec craintes !

En prévision de la noce de Christine, Isabelle m'a acheté un costume à ma taille habituelle, quarante. Vient le jour de l'essayage, et là, horreur ! Les crochets pour fermer le pantalon sont distants de huit centimètres. Nous décidons de retourner à la boutique pour l'échanger. Cruelle désillusion pour se garer. Les six parkings réservés aux handicapés, les plus proches de l'entrée, sont occupés. Il me faudra une taille quarante-quatre pour espérer enfiler le pantalon.

Les jours sans rééducation, outre les exercices conseillés par Fat-Hang, je me rends à l'Abribus du ramassage scolaire pour y attendre Amandine, puis avec ma canne, je m'efforce de marcher rapidement, car l'enfant est plus agile que moi. De plus, les trois cents mètres parcourus en vingt-cinq minutes sont démesurés pour mes forces.

Maintenant que je sais que je réussirai un jour à marcher partout sans canne, ma nouvelle obsession devient la conduite. Cela fait quinze ans que j'ai obtenu mon permis. Certes, on me transporte où je souhaite aller, mais ce serait une formidable autonomie de me déplacer seul, où je veux. Mais comment y arriver avec un bras gauche inerte ?

Le vingt-cinq mai, une date dont je me souviendrai toute ma vie. Il y a un an, je faisais mes premiers pas, grâce à Fat-Hang. Il est loin le temps des allers et retours devant l'autel de l'église à Vilons. Si je progresse à ce même rythme, durant encore trois années, je suis certain de retrouver toutes mes facultés physiques d'antan.

Comme promis, Christine a attendu que je remarche pour fixer la date de son mariage. Je suis son témoin. Le seul ennui, pour cette cérémonie, c'est l'orthèse. Je ne peux la porter qu'avec des baskets… Et c'est donc avec ces chaussures, qui contrastent avec mon costume, que je suis la célébration. Au repas, pour la première fois depuis mon accident, je danse un slow avec Isabelle, sans canne, ma femme me soutient tandis que je l'enserre de mon bras droit, le gauche est plaqué contre mon torse.

Toujours fanatique de Formule 1, je me prépare à enregistrer un Grand Prix. Comme d'habitude, le genou droit à terre, j'attire les cassettes vidéo mais je me penche un peu trop et c'est la rotule gauche qui touche le sol. Dans cette position, je m'aperçois que je n'ai pas suffisamment de force dans mon bras valide pour me relever. Il me faudra l'aide d'Isabelle qui, avec peine, me redressera.

Tous les mois, je compare mes dernières pages d'écriture avec les plus anciennes. Celles, vieilles de quatre mois, sont illisibles. Je m'aperçois d'un défaut qui n'a pas encore disparu. Lorsque j'écris des « a », je ne ferme pas complètement la boucle et l'on peut les confondre avec des « u ».

En promenade, avec les filles, nous longeons une pâture où deux bovins ruminent. Les vaches nous suivent.

– Tu as vu papa, elles sont gentilles.

– Oui, c'est Têtue et Charmante.

– Mais comment tu sais leurs noms ?

– Les bêtes de Gilles étaient à moi, avant…

En soirée, au lit, je m'imagine agriculteur. Je rêve de faucheuse conditionneuse et d'ensilage d'herbe, car le voisin vient de rentrer sa récolte. La première quinzaine du mois, si j'entendais une turbine de semoir à maïs, je ne pouvais plus m'endormir, car des souvenirs si proches me revenaient à la mémoire.

Après deux semaines d'insomnies, ou de sommeils agités, mes progrès sont freinés et je décide de quitter cet univers d'agriculture. Il faut qu'Isabelle et moi nous recherchions un appartement dans la ville la plus proche : Besançon. J'espère que mon éloignement des activités agricoles sera bénéfique à ma rééducation.

La recherche d'un logement n'est pas aisée. Avec des visites incessantes, des escaliers à gravir, mon équilibre ne peut que s'améliorer. D'ailleurs, dorénavant, je peux me lever seul d'un canapé et je marche sans canne, Isabelle à mes côtés, sur un terrain caillouteux.

Nous faisons du lèche-vitrines, je suis accompagné de deux belles-sœurs qui me soutiennent sous les épaules.

– C'est agréable d'être porté par deux mamies !

Vexées, elles accélèrent le pas, et moi, je ne peux plus suivre. Maintenant, il faut que je soupèse mes plaisanteries !

Puisque la nouvelle ergo arrive dans dix jours, je suis pris en charge par une aide soignante qui me demande d'élaborer un jeu de dominos. Elle découpe les rectangles de bois ; je dois poncer les bords, pyrograver les dessins d'animaux, les peindre puis vernir le tout. J'utilise le plus souvent possible l'index et le pouce de la main gauche en fonction de pince. Serrer, c'est facile, mais relâcher…

Ce matin, Isabelle me lave les cheveux car je ne peux le faire seul. Depuis plusieurs séances, nous nous sommes aperçus que je perdais des mèches entières. Je demande à Magali un rendez-vous auprès du docteur Lambert. A treize heures, je me rends dans son bureau.

– Alors monsieur Mausservey, je m'aperçois que vous souriez beaucoup ! Par contre, au mois de décembre vous étiez dépressif. Sachez bien qu'en rééducation, il n'y a pas de progrès sans moral. Eh, bien ! Qu'est-ce qui vous amène ?

– Je perds mes cheveux par poignées !

Le médecin m'ausculte.

– Voyons. Vous avez le foie fatigué par l'absorption de plusieurs médicaments. Nous allons réduire les quantités. Maintenant, deux « liorésal », deux « dantrium » par jour et je rajoute un sirop à prendre pendant un mois pour soulager le foie.

Sans méchanceté, quand Amandine me voit vider le lave-vaisselle, elle sourit.

– Papa, il fait la boniche !

En effet, quelle rééducation que de se baisser pour atteindre la vaisselle, puis étendre les bras pour la ranger. Il me faut trente minutes pour débarrasser couverts, verres et assiettes.

Francine, la nouvelle ergo, est arrivée. C'est une jolie jeune femme. Dès la première séance, un contact se noue. Je lui explique les exercices que j'effectuais à Vilons puis à Dole.

– Nous allons voir si vous n'avez pas oublié les conseils que l'on vous a sûrement donnés. Enlevez votre pantalon, vos chaussures et vos chaussettes puis, remettez-les.

Lentement, je me dévêts, encore plus calmement je renfile la culotte de jogging. Par contre, je bute sur les socquettes.

– C'est simple, regardez, vous coincez un bord du dessus entre vos dents, plongez pouce, index et majeur de la main droite dedans, écartez les doigts en triangle puis enfilez le pied.

Ensuite, elle installe mes baskets et les lace.

– A la prochaine séance, je vous apprendrai à passer les tee-shirts d'une main.

Attendant devant la salle d'ortho, je vois sortir ma voisine de repas. Une fois entré dans le local, je lui demande :

– Que pouvez-vous faire à une aphasique pour qu'elle retrouve la parole ?

Lui redonner confiance, elle est triste de ne plus savoir lire, mais chaque après-midi, Marie-France lui rend visite avec son petit et depuis elle s'améliore incroyablement.

Comme promis, arrivé en ergo, Francine m'explique.

– Tout d'abord, il faut travailler l'amplitude du bras droit. Passez votre main derrière la tête plusieurs fois.

J'y arrive difficilement, les doigts se dérobent pour glisser sous l'oreille.

– Maintenant, on va essayer d'enlever le maillot. Baissez la tête, avec votre main droite agrippez votre col, tirez le jusqu'au sommet de votre tête, puis saisissez le tissu au niveau du cou.

La technique est simple, mais j'y arriverais mieux si le tee-shirt était plus large.

– Attention, plus dur pour le remettre. Etendez le maillot sur vos genoux pour y voir le dos, passez le bras gauche dans la manche jusqu'au dessus du coude. Hissez le col jusqu'à la tête, passez l'encolure, maintenant le bras droit normalement et tirez sur le tissu pour bien positionner l'ensemble.

C'est plus dur que je ne l'imaginais, car le bras gauche immobile est un fardeau. L'essentiel est le résultat final.

Arrivé chez moi, très fier, j'annonce à Isabelle :

– Tu vas admirer ce que j'ai appris aujourd'hui à Dole !

Je baisse la tête, agrippe le col de mon maillot et tire. J'entends un long craquement. Un large accroc entaille le tee-shirt dans le dos.

– Si ils n'ont que ça à t'enseigner, je peux le faire aussi !

Toujours aussi étranges, les exercices d'ortho. Au début de chaque séance, je dois étirer la bouche à droite puis à gauche. Cela paraît simple mais j'y arrive rarement !

Tous les samedis, j'ai la visite de Laurianne et de Maryline, les deux jeunes filles d'un voisin. Nous discutons de musique, de romans, elles mettent un rayon de soleil dans une vie bien routinière.

Nous sommes obligés d'acheter un téléphone sans fil, car, lorsque la sonnerie retentit, j'accours, mais toujours en retard…

Maintenant, c'est Amandine qui décroche et m'apporte le combiné.

Vendredi, je suis heureux, car dimanche ma femme et moi sommes invités au vingtième anniversaire de l'entreprise agricole du beau-frère. Autour d'un méchoui, je vais rencontrer tous mes anciens collègues. Mais, à onze heures trente, je me plains à Magali :

– Je ne sais pas ce que j'ai, mais mes reins me font terriblement souffrir. Je vais me coucher. Peux-tu prévenir le docteur Lambert ? Je mangerai dans ma chambre.

– Pas de problème Dominique et bon courage !

Arrivé dans ma chambre, je ne sais quelle position adopter pour ne pas vivre le martyre. Le repas arrive, je ne peux tenir assis et je n'ai pas faim. Le chef de service entre.

– Alors monsieur Mausservey, que se passe-t-il ?

– J'ai horriblement mal aux reins !

Il m'ausculte.

– Diagnostic irréfutable, vous avez une crise de coliques néphrétiques. Une infirmière va venir vous faire une intraveineuse pour calmer la douleur. Je vais vous donner des médicaments pour dissoudre le ou les calculs réticents. Je vais prévenir l'ambulancier qu'il vous transporte couché. Ce soir, les souffrances devraient déjà s'atténuer et j'espère vous revoir lundi.

– Sûr, car je suis invité à un méchoui dimanche midi !

– Oh là ! Dimanche pas d'excès, que vous soyez en forme lundi, n'en demandez pas plus !

Comme convenu, une infirmière enfonce une aiguille dans une veine du bras droit et appuie sur la seringue. A ce moment là, je sens mon coude s'enflammer.

– Zut ! Votre veine a éclaté.

Donc, seules les gélules que l'on m'a données sont en mesure de calmer la douleur. Durant l'après-midi, j'ai la visite de Magali, Virginie et Philippe. A seize heures, deux ambulanciers me transportent sur une civière. J'ai le privilège de rentrer en Renault

Espace. Grande fut l'inquiétude d'Isabelle quand elle nous vit arriver en ambulance. De nouveau couché, j'attends désespérément l'effet des médicaments. Après une nuit agitée, je n'y tiens plus. Je demande à ma femme de téléphoner à notre médecin de famille pour me prescrire une dose de calmant plus forte. Il arrive, m'ausculte et déclare : « Douleurs lombaires ».

Qui croire ? Un docteur en rééducation se serait bien aperçu d'un problème osseux !

Isabelle entre, suivie de Jean-Marc.

– Je n'y comprends plus rien, deux avis différents, j'ai toujours mal et demain le méchoui est bien compromis ! Il faut téléphoner à Fat-Hang pour avoir un avis neutre sur le diagnostic !

Il arrive en milieu d'après-midi, regarde mes yeux, ma langue, masse les reins et la vessie.

– Dominique, coliques néphrétiques. Je vais arranger ça. Isabelle ! Va chercher du sel fin !

Ensuite, tout est étonnement. Il remplit mon nombril de sel, fait fondre ce dernier avec des herbes sèches en feu, plante trois aiguilles plus bas que le nombril.

Dix minutes plus tard, il m'allonge sur le ventre, masse les reins avec du gingembre, puis place deux petites tiges d'acier sur la colonne vertébrale.

Comme par enchantement, je n'ai plus de douleur. Je me lève et vais uriner. Souriant Fat-Hang annonce :

– Les traitements, tu peux les arrêter. Mais il faut qu'Isabelle te masse les reins plusieurs jours avec du gingembre.

Le lendemain, heureux, je suis au méchoui du beau-frère. Je rencontre Jean-Marc.

– Toi ! Là ! Ce n'est pas vrai ! Dire qu'hier tu ne pouvais pas tenir debout !

– Fat-Hang est passé par là. Il est génial ce toubib !

Une fête en appelle une autre... Le week-end suivant, les copains et moi avons réservé une table dans une ferme auberge.

Le repas est bien arrosé, quand vient l'heure de la liqueur, je commande un rhum, mon péché mignon quand j'étais valide. Je bois l'alcool, mais il ne veut pas descendre. Je tousse, je suffoque. Aussitôt Isabelle me frappe le thorax et enfin je peux respirer normalement.

– Dis, tu peux me dire pourquoi tu tapais sur les côtes de Domi ?

– C'est l'acupuncteur qui m'a enseigné cette méthode et tu as vu, c'est efficace !

Le lendemain, Philippe s'aperçoit que je suis fatigué.

– Il me semble que ce n'est pas la grande forme !

– C'est horrible, je ne supporte plus les javas !

– Ah, il faudra se faire une raison, la vie est différente d'avant !

Avant. Voici un mot qui me revient souvent à l'esprit.

Je me rends au repas, je croise une femme en blanc que je n'ai jamais vue.

– Bonjour, comment ça va ?

– Mal !

Puis je continue mon chemin. L'infirmière reste interloquée. Je raconte cette histoire à Virginie.

– Je suis au courant, vous avez parlé à la nouvelle interne. Lors de la réunion elle a demandé qui était ce jeune homme qui déprimait.

– Si j'avais su que c'était un médecin…

– Ne vous inquiétez pas, je lui ai dit que ça ira mal quand vous direz que ça va très bien, je commence à vous connaître.

Isabelle a téléphoné à madame Détroit, l'épouse d'un aphasique rencontré à Vilons. Elle ne lui annonce que des mauvaises nouvelles. Son mari est rentré définitivement chez lui, il ne parle pas et reste incontinent.

Un anniversaire pas comme les autres aujourd'hui. Il y a exactement un an et demi que je suis tombé. Virginie, qui a un regard bienveillant sur tous ses patients m'annonce :

– Je suis sûre que vous comptez !

– Oui, dix-huit mois, cinq cent-quarante jours.

– Mais je voudrais que vous regardiez les effets bénéfiques de cette chute.

– Quoi ?

– Oui, vous m'avez raconté qu'avant vous n'aviez pas le temps de vous consacrer à votre famille et maintenant vous êtes heureux chaque soir de jouer avec vos filles. Il y a plus de six mois, je vous ai dit qu'il fallait faire le deuil de ce que vous étiez avant. Je pense que c'est en bonne voie, l'avenir nous le dira et je suis sûre que sitôt que vous aurez trouvé un appartement loin de votre ferme vous allez revivre !

– D'accord avec vous, mais le deuil, c'est une chose très dure à accepter !

IX
Que c'est long

Que c'est long ! Durant ma séance de kiné je marche entre les barres parallèles avec l'interdiction de prendre appui avec le bras droit.

– Qu'en pensez-vous Philippe ?

– Je pense que la marche progresse. Encore une année d'efforts et les résultats seront acquis !

– Quoi ! Un an !

– En général, dans une hémiplégie causée par une attaque, la récupération se fait sur deux ans. Dans la seconde hypothèse, l'accident, les progrès s'étalent sur cinq ans. Alors vous avez tout le temps devant vous !

– Certainement pas, je suis pressé !

– Adoptez la philosophie de la rééducation : lentement mais sûrement !

Le facteur a déposé dans notre courrier le magazine bimestriel de la FNATH. Je découvre les difficultés que cet organisme doit contourner pour se faire écouter par le gouvernement. Je m'aperçois que le montant de ma pension d'invalidité n'est pas égal à ce qu'il devrait être et je suis toujours étonné par la faible rémunération d'un handicapé vis à vis d'une tierce personne. En feuilletant ce journal, j'apprends dans les petites annonces qu'il existe des véhicules adaptés pour la conduite des hémiplégiques.

Nous avons reçu une nouvelle phytothérapie. Isabelle est à la cuisine, divisant par dix les ingrédients à l'aide d'une balance, quand j'entends soudain ma femme crier.

– Que se passe-t-il ?

– Regarde ! Il y a des peaux de serpents. Je n'y toucherai pas !

– En effet. On les portera demain et pendant ma séance, Fat-Hang les divisera.

Nous sommes à la porte de l'acupuncteur et je tiens l'objet du litige dans un sac.

– Bonjour Isabelle et Domi ! Patientez un instant dans la salle d'attente.

Dix minutes plus tard, nous nous installons dans une pièce.

– Dis, sur ta dernière ordonnance, il y avait des peaux de serpents ?

– Mais, non, c'est impossible !

– Tiens regarde !

– Mais c'est une plante, la partie d'un arbre !

– Je ne te crois pas ! lance Isabelle.

– Attends !

Il nous quitte un court instant puis revient avec un morceau de bois, écarte l'écorce et nous montre un film accroché à l'enveloppe.

– Alors, il est beau mon python ?

– D'accord, mais c'est ressemblant et terrifiant pour moi !

Fat-Hang m'apporte un objet qui ressemble à s'y méprendre à ceux utilisés dans les salles de musculation.

– Domi, pour fortifier ton bras gauche, tu mets tes pieds sur les plaques plastifiées que je pose devant toi, tu accroches la poignée à tes mains et tu étires les ressorts le plus loin possible !

J'essaie, mais je manque de forces car l'appareil remonte seulement au niveau du nombril.

Sur un boulevard de Besançon, je vois mon ancienne moissonneuse-batteuse qui part chez son nouveau propriétaire. Je suis triste car je me souviens des moissons d'avant et surtout des manettes que j'actionnais avec le bras gauche. Que c'est dur d'oublier ses origines !

A Dole, lors des repas, se créent des aides réciproques entre Marie-France et moi. Pour remplir les verres d'eau, je tiens le pot avec ma main droite tandis que ma voisine dirige le petit récipient pour qu'il n'y ait pas d'éclaboussures. A midi, les infirmières ont oublié d'apporter nos « couteaux-fourchettes ». Peu importe, ma collègue maintient le morceau de viande pendant que je le coupe avec un couteau normal.

Nouvelle séance de kiné, je me plains à Philippe de la raideur de mon bras gauche.

– Je sais, j'étire votre bras à chaque fois, mais la spaticité est la plus forte.

– Si seulement elle n'existait pas !

– Dites pas ça, si vous n'étiez pas spastique, vos jambes seraient molles et vous ne marcheriez pas !

– Quitte à choisir, j'aime mieux rester comme je suis !

– Oui, car il existe des hémiplégiques condamnés au fauteuil roulant !

Nous avons enfin trouvé un appartement au cinquième étage d'un immeuble situé à proximité d'un boulevard à Besançon. Le dépaysement est total. Le nombre de personnes logeant dans la cage est plus important que celui des habitants de mon ancien village. Par contre, le logement est dégradé, nous devons laver et peindre portes et plafonds, remplacer papiers peints et moquettes. Tous ces travaux devront être effectués avec la complicité de la famille. En sortant du bâtiment, j'ai remarqué un homme qui doit être hémiplégique. Il était soutenu par sa femme, la canne à la main et le bras gauche replié contre son torse, bref, un collègue !

Je somnole dans mon lit quand tout à coup, je crie :

– Super !

– Mais qu'y a-t-il ? Tu m'as fait peur !

– Je peux étendre les orteils du pied gauche normalement !

– Et tu me réveilles pour ça !

– Imagine pour enfiler une chaussure, tu ne seras plus obligée d'étendre les phalanges avec ta main !

– Petit progrès !

– Bien sûr, au début c'était de grands progrès rapprochés, mais maintenant, ils sont petits et éloignés. De toute façon, c'est un pas, même minime, vers l'indépendance.

Marie-France est de bonne humeur.

– Le docteur Lambert m'a confirmé que dans deux semaines je serai hospitalisée de jour, alors tous les soirs, je retrouverai mon bébé.

– Il est vrai que tu progresses. Ce matin, je t'ai vue marcher avec un déambulateur. Super, non ?

– Bien sûr ! Mais c'est trop long !

Arrivé en salle d'ergo, je vois Francine installer un jeu de dames. Je m'assieds en face de la jeune femme.

– Qui commence ?

– Honneur au patient !

– Facile !

– Eh non, pas de cette main ! Vous soutenez et dirigez votre bras gauche avec le droit et déplacez un pion avec les doigts de la main invalide.

La partie se complique, car pour pousser une pièce, souvent j'en bouscule d'autres.

Séance d'acupuncture. Fat-Hang entreprend un massage énergique. Isabelle maintient mon bras gauche tendu, tandis que le médecin appuie fortement sur toutes les articulations, notamment celles du coude, et de tous les doigts de la main. Puis, couché sur le ventre, je sens une ventouse s'installer sur l'épaule puis descendre jusqu'au rein. J'ai tellement mal que mon bras gauche s'élève dans mon dos. C'est un mouvement qu'il m'est impossible de faire volontairement.

– Domi, je vais ordonner de la phyto.

– Attends, la dernière, je l'ai reçue il y a huit jours !

– Peu importe. Tu aimes le whisky ?

– Pas beaucoup, pourquoi ?

– Je vais te prescrire de la phytothérapie que tu mettras macérer trois mois dans sept litres de whisky. Après tu filtres le liquide et tu bois une dose d'alcool matin, midi et soir.

Comme chaque après-midi dôlois, Virginie me tire de ma sieste.

Je m'étire, me lève, puis nous marchons côte à côte dans le couloir et la psycho ne cesse de me répéter :

– Tête droite, fermez la bouche ! Redressez votre bassin ! Vos épaules au même niveau !

– Pffu ! Je sais que c'est pour mon bien, mais parfois j'en ai marre !

– Je le comprends, je suis peut être trop dure avec vous.

– Mais non, j'accepte vos remarques mais de me savoir diminué, j'enrage.

– Qu'est-ce que vous regrettez le plus de ne pas pouvoir faire ?

– Courir dans les bois !

– Pourquoi les bois ?

– Parce qu'à mon avis, c'est le dernier endroit où la nature est intacte.

– Et pourquoi courir ?

– Parce que Philippe m'a dit que tant que je serai spastique, je ne pourrai pas courir, hélas !

Je me suis aperçu de mon manque de rapidité intellectuelle. Ce matin je me lave en écoutant la radio. Je sais que l'interprète de la chanson est une femme noire qui chante admirablement le rock. Ce n'est qu'une heure plus tard que je retrouverai son non : Tina Turner. Les fêtes du quatorze juillet m'ont aidé à oublier la date anniversaire du lendemain, déjà dix-neuf mois que je suis tombé.

Philippe étire mon bras quand un vieil homme lui demande :

– Qu'est-ce qu'il a le jeune ?

– Je posture son bras gauche pour fortifier ses muscles.

Circonspect, le vieillard quitte la pièce.

– Vous avez répondu tout à fait à côté.

– Quand ça ne regarde pas la personne, je fais toujours comme cela !

A chaque séance d'ergo, Francine, pour me souhaiter la bienvenue, me tend sa main gauche que je dois serrer avec mes doigts invalides. Le plus gros problème réside dans le geste qui consiste à lâcher prise.

Vacances obligent, je n'ai ni ortho, ni psycho et c'est Francine qui se dévoue et je n'ai aucun moment de relâche.

Les travaux dans le nouvel appartement commencent. Je ponce à la main les plâtres, peins les portes posées sur des tréteaux. Le soir, je suis exténué surtout lorsque l'ascenseur tombe en panne et que je dois descendre cinq étages avec des escaliers sans rampe à droite.

Philippe m'a annoncé qu'à partir de lundi, j'irai deux fois par semaine dans une piscine aménagée dans l'hôpital dont les plans du bassin ont été dessinés par le docteur Lambert. Donc, accompagné de l'ergo et du kiné, je me rends devant le secrétariat. Francine me présente un fauteuil roulant :

– Pour vous.

– Certainement pas, plus maintenant.

– Si ! La salle de balnéo se trouve en gériatrie, dans une autre aile de l'hôpital. Pour plus de rapidité, il faut accepter ce carrosse.

Je m'assieds et me laisse pousser dans un dédale de couloirs. Arrivé, je dois échanger mon véhicule contre un autre, tout en plastique. Dans une cabine, je me dévêts puis je vais sous la douche et, mouillé, je me retrouve devant la piscine. C'est un bassin de deux mètres sur six. Debout, je m'installe sur une plate-forme que Philippe fait descendre.

Maintenant, j'ai de l'eau jusqu'au cou, Francine est à mes côtés dans une fosse sèche, elle retrousse ses manches et étire mon bras gauche dans l'eau sans grand résultat. Par contre, le kiné me demande de tourner dans le bassin, la main droite crispée sur une barre métallique prévue à cet effet, mes jambes s'élèvent droites et hautes.

Pour la marche, je prends goût aux sensations d'avant. L'heure est vite passée. Philippe remonte la plate-forme, l'écart de température est saisissant. L'eau était à 32 degrés, mais l'air à 24 degrés.

– Mais qu'est-ce que c'est que ça ?

– Quoi, Philippe ?

– Vous avez une rangée de ronds rouges sur le côté gauche du dos.

– Ce ne sont que des ventouses.

– Qui vous les a posées ?

– Ma femme.

– Et sur l'ordonnance de qui ?

– Fat-Hang.

– Comment ?

– Fat-Hang est acupuncteur. C'est lui qui m'a fait remarcher et qui me suit toujours.

Le retour vers le service sera ponctué de questions du kiné surpris et intrigué.

A force de monter les escaliers, le bout de la chaussure gauche, frottant chaque fois contre la marche, est troué. Donc je pars à la recherche de « baskets à velcro ». Mais, hélas, un vendeur me dit qu'il n'en possède pas car ce n'est plus la mode. Je suis donc obligé de me rabattre sur des chaussures à lacets et, hélas, Isabelle sera encore obligée de lacer mes baskets.

Arrivé au repas, je découvre une Marie-France morose, les yeux rouges.

– Oh, toi tu déprimes !

– Oui, il y a deux jours, j'ai craqué. J'en ai marre de ne pas pouvoir bouger. Pourquoi c'est si long ? Pourquoi moi ?

– Tu sais, moi aussi j'ai beaucoup pleuré. Je pense souvent à « avant » mais il faut avoir un but pour résister. Quand ton moral est bas, aie une pensée pour ton gamin et dis-toi que notre force, c'est notre patience.

Dans le couloir, je rencontre un homme en fauteuil roulant, les deux jambes coupées. Je me dis que ça doit être terrible bien que la médecine fasse des progrès et que le corps humain pallie beaucoup de problèmes. C'est sur ces pensées que je m'allonge pour la sieste, mais je me pose trop de questions sur la récupération de mon bras. Je réfléchis à l'avenir, au travail, à la conduite automobile, à la dépendance.

Couché dans une salle d'acupuncture, je vois entrer Fat-Hang et une femme.

– Domi, je suis accompagné d'une jeune dame qui voudrait t'interroger car son mari est hémiplégique comme toi.

– Oh ! Je suis d'accord.

– Monsieur, je m'excuse, mais ça fait mal ?

– Non.

– A quoi servent ces fils ?

– C'est de l'électroponcture, l'électricité circule d'une aiguille à l'autre. Ça chatouille, sauf dans le crâne.

– La tête ?

– Oui, il faut avoir confiance en Fat-Hang. Il fait des miracles. Il m'a fait remarcher. Par contre, il faut accepter tous ses procédés, piqûres, électricité, massages, ventouses, phytothérapie. Votre mari marche ?

– Non.

– Alors, n'hésitez pas !

La belle-mère a acheté un livre sur l'homéopathie. Je le feuillette et m'arrête sur hémiplégie. Je suis surpris car il conseille de l'opium. Le lendemain, je questionne Philippe :

– Est-ce que l'opium peut combattre mon handicap ?

– Monsieur veut se droguer. Quand j'entends opium, je pense à pavot, morphine, héroïne. Pour moi, ces drogues peuvent atténuer les douleurs mais certainement pas guérir.

– Autre chose. Vous avez vu mon ventre comme il est gros ?

– Manque d'abdominaux, vous voulez en faire ?

– Bien sûr !

– Alors pliez vos genoux. Il faut qu'ils se touchent. Croisez vos mains, moi, je vais pousser sur vos jambes et tirer sur vos bras. A vous de résister.

Nous nous mettons en place et nous exécutons les exercices. Peu après, je remarque :

– Ça tire sur les abdos.

– Je crois que c'est le but recherché .

Au repas Marie-France se bat avec sa compote. Il lui est impossible d'arracher le film métallique qui recouvre les pommes.

– Donne à un homme et admire le travail !

Je prends le gobelet, le pince de la main gauche et tire avec l'index droit sans résultat. Alors j'utilise mes dents. Même déception.

– Ce n'est pas possible, elle est vivante cette boîte !

Il ne reste plus qu'à appeler une aide-soignante qui est néanmoins une femme.

Elle réussira à ouvrir le dessert.

Vendredi, j'arrive et je vois un vieil homme dans un fauteuil roulant, ses bagages à ses côtés. Je rencontre Virginie.

– Le vieillard part définitivement ?

– Oui, ce matin pourquoi ?

– Vous n'êtes pas plus compétents qu'à Vilons. Vous laissez sortir des personnes qui ne marchent pas.

– Calmez-vous et sachez que malgré toute la bonne volonté du service, ce malade n'acceptait pas de travailler, était fainéant, grossier, désobligeant et obsédé par les infirmières.

Au retour, l'ambulancier me dépose dans la cour. Là, je vois mon père et nous discutons de la vente du capital de notre GAEC. Je vois Gilles remiser des bottes de paille, j'ai le cœur serré et je m'efforce de ne pas pleurer devant mon père mais le chagrin l'emporte. Que la vie est injuste ! Alors je m'engouffre chez moi les larmes aux yeux…

En ortho, après avoir effectué mes grimaces habituelles, je demande à la jeune femme.

– Ma fille qui a trois ans ne prononce pas les « R ». Par exemple, « Patrick Bruel » devient « Patick Buel ». Est-ce grave ?

– A son âge, non. Mais il faudra y remédier si cela persiste après quatre ans.

– Merci, c'est pratique d'être renseigné gratuitement par une spécialiste !

Je déambule dans la cuisine à la recherche de mon couteau-fourchette quand j'aperçois un gribouillis de Maëlle. Je retourne la feuille et y découvre une convocation à une réunion de la FDSEA datant de novembre 1990. J'essaie de m'imaginer tous les mouvements que je pouvais faire à cette époque et je déprime.

Retour à Dole. Cette fois, c'est Marie-France qui broie du noir. Je m'assieds à ses côtés et engage la conversation :

– C'est dur, pour toi, pour moi, pour tous !

– Ce serait mieux si je n'étais plus là.

– Arrête de délirer, dimanche tu baptises ton gamin, il a besoin de toi.

– Oui, mais je vais à l'église en fauteuil roulant.

– Patiente et regarde-moi ! Le carrosse, je l'ai supporté un an. Bien sûr, je marche tordu, mais seul. Alors espère et ne répète jamais cette terrible phrase.

– Tu as vu la nouvelle ?

– Oui, paraît qu'elle sort du coma. Si j'étais comme ça avant, eh bien c'est affreux !

– Pourquoi ?

– Elle est prostrée, absente, avachie dans son fauteuil, pourtant elle n'a que vingt-deux ans !

– Oui, mais tu as vu, tout le service est à ses petits soins, tandis que moi, débrouille-toi !

– Sois réaliste ! Sandrine n'y est pour rien.

– Quoi ! Tu connais aussi son prénom !

– Eh, pas de jalousie ! J'ai demandé à Magali. N'empêche qu'elle est mignonne Sandrine.

Août. Synonyme de canicule. Par forte chaleur, je ne fais aucun progrès. En piscine, mon bras ne s'améliore pas, mes doigts se crispent. Par contre, sitôt qu'il fait plus frais, comme par enchantement, tout revient. Mes phalanges se délient et le moral est meilleur.

Je suis convoqué chez le médecin des AMA.

– Votre assurance me demande si vous avec encore besoin d'une tierce personne. C'est la raison de votre visite.

– Vous leur direz qu'ils viennent prendre ma place et ils jugeront de ma dépendance !

Enervé, mon bras gauche devient spastique. Le docteur ne peut que constater la contracture de mes muscles et souligne qu'il y a peu d'amélioration en comparaison avec ma visite précédente, il y a neuf mois.

Aujourd'hui, c'est le grand jour. Nous déménageons avec l'aide de huit copains. Je quitte mon village sans regret. Je suis sûr qu'à la ville je ne déprimerai plus en voyant mes anciens collègues travailler : Besançon propose beaucoup d'animations qui me divertiront. Debout dans le couloir, je dirige les déménageurs dans les pièces où il faut déposer les objets qu'ils transportent. Rendez-vous leur est donné pour pendre la crémaillère. En soirée, l'appartement est encombré d'innombrables cartons et mes déplacements sont mal assurés.

Isabelle a acheté, en pharmacie, une brosse accrochée à un long manche. Ce matériel m'est indispensable pour laver mon dos. Dorénavant, je ne ferai plus appel à ma femme pour me savonner. Encore un petit pas qui m'éloigne de la dépendance.

Lundi, je me rends à Dole, je suis heureux. A dix heures, Philippe pousse mon fauteuil roulant d'emprunt en direction de la piscine.

– Bientôt, dans le service, ça va être la galère !

– Pourquoi ?

– Nous ne serons plus que quatre kinés. J'ai une collègue qui part en libérale.

– Ne vous en faites pas, il y a tellement de chômage !

– Le problème, c'est le salaire. A l'hôpital, un débutant gagne huit mille francs tandis qu'un stagiaire en privé est payé douze mille francs.

– Vous n'irez plus dans les autres services !

– Vous plaisantez. Il y a des malades où la manipulation est très importante. Tenez, vous, en réanimation, je suis certain qu'un kiné venait vous voir tous les jours.

– Dans le coma ? Mais pour quoi faire ?

– Bouger vos membres, masser vos articulations…

– Pour trouver un collègue, ne vous en faites pas, il faut être optimiste !

– Ce n'est pas tout. Virginie est enceinte. Alors plus de psycho !

– C'est connu comme spécialité ?

– A ma connaissance, il y a très peu de psychomotriciennes sur le marché du travail.

– Ça c'est plus ennuyeux !

– Attendez, je n'ai pas fini !

– Quoi, donc ?

– L'ergo nous quitte.

– C'est une plaisanterie de mauvais goût ?

– Hélas, je suis sérieux. Sa remplaçante s'est déjà manifestée.

Avec toutes ces nouvelles, je deviens spastique et l'heure de piscine s'avère peu bénéfique. Après la sieste, je ne manque pas de questionner Virginie.

– J'ai entendu dire que vous nous quittez lâchement !

– Moi ? Non je pars en congé maternité.

– Vous allez nous manquer.

– Tiens, on n'est plus fâché contre sa psycho ?

– Il est vrai qu'au début, quand on m'a dit psycho, je me suis bloqué.

– Oui, mais ne pas confondre psychomotricienne avec psychologue. C'est une nouvelle spécialité. Nous étions dix candidates retenues dans toute la France lors de mes examens.

– Ça doit être dur de comprendre les handicapés !

– On peut dialoguer. Il y a réussite lorsque le malade fait le deuil des mouvements qui lui sont dorénavant impossibles à réaliser.

– Et moi ?

– Vous, votre deuil, vous l'avez accepté quand vous avez admis que vous ne pourriez plus exercer votre ancien métier. Avant, et surtout au début, vous vous bloquiez devant toute personne qui portait une blouse blanche.

– Moi, j'étais ignoble ?

– Non ! Mais dur, froid, vous vous méfiiez et vous ne vous acceptiez pas comme vous étiez.

– Eh, mais c'est dur !

– Je sais…

Puis, c'est au tour de Francine d'être interrogée.

– On m'a dit que mon ergo nous abandonnait.

– On, c'est un con. Je suis assez responsable pour vous l'annoncer moi-même. Je pars parce que je suis trop éloignée de ma famille, de mes amis.

– Ce ne serait pas parce qu'il y a trop de personnes âgées ici ?

– Si, un peu. Mais je m'en vais le quinze et le dix-sept, une autre ergo arrive.

Samedi, première des trois crémaillères. Au mois de septembre, les amis agriculteurs ne peuvent être libres car ils récoltent le maïs. Donc nous sommes obligés d'étaler nos invitations.

Toute la semaine, sauf à Dole, je m'efforce de marcher sans canne. Je sens que sans aucun appui mes défauts réapparaissent : tête penchée, bouche ouverte, bassin en biais, mais c'est tellement dur d'avancer sans aide… Je fatigue beaucoup mais j'insiste tout de même.

Il me faut des photos d'identités pour ma carte d'invalidité. Isabelle m'emmène à la gare pour être photographié. Assis dans la voiture, face à la glace du passager, je ris. J'en déduis que le sourire est exclu, car seule s'étire la commissure droite des lèvres. Face à l'objectif, j'essaie de paraître le plus normal possible mais le résultat est désastreux.

Isabelle et moi regardons un film à la télévision. C'est l'histoire d'une femme devenue amnésique à la suite d'un accident.

– Oh la pauvre ! dit ma femme.

– Ah, non s'il te plaît, je n'accepte pas la pitié.

– Oui, mais comment faire, que dire ?

– Vous ne pouvez pas comprendre ce que l'on ressent, nous les handicapés !

– Et nous, alors, personne ne pense au conjoint. Moi j'ai épousé un homme qui savait et pouvait tout faire, tandis que maintenant…

A chaque réveil, assis sur mon lit, je teste les mouvements de ma main gauche. Si les doigts s'étirent volontairement, je suis certain que la journée sera bénéfique pour la rééducation. Par contre, si les membres sont revêches, même le meilleur des kinés ne pourra les assouplir.

Quand mon corps n'y est pas hostile, je fais des essais. Aujourd'hui, j'ai marché sans orthèse et mes déplacements étaient corrects. Pour la première fois, je me suis assis sur un banc sans dossier. L'inquiétude a laissé place à la joie.

Nouvel exercice en kiné. Je suis couché et Philippe allonge mon bras gauche. Pour le garder étiré, il place un sac de trois kilos sur ma main reposant sur un bloc de mousse. Mais c'est sans compter sur la spasticité : mon membre supérieur fait office de catapulte et éjecte la sacoche de sable trois mètres plus loin. Il faudra cinq kilos pour faire face à cet inconvénient que connaissent beaucoup d'hémiplégiques.

En ergo, je travaille en compagnie de Sandrine qui s'affaire auprès d'un macramé. Je dois empiler le plus de cubes possible. Je dirige mon bras gauche avec ma main droite. Au seizième cube la pile s'effondre. Sandrine se penche pour les ramasser.

– Non, non, monsieur Mausservey va se plier et les prendre un par un, se relever bien droit et les poser sur la table !

Pour m'occuper, je me suis inscrit comme volontaire pour mettre de l'ordre dans la bibliothèque de l'école. Nous sommes quatre adultes à renforcer, couvrir et classer les livres. Le soir, Amandine me questionne.

– Dis, papa, tu vas à l'école comme moi ?

– Mais, non, je range la salle de la bibliothèque pour que tes petits camarades puissent lire des bouquins.

– Dis, je pourrai aller à Dole un jour ?

– Pourquoi ?

– Bin ! Pour voir comment tu travailles !

– Je demanderai, d'accord.

Vendredi, je demande à Magali si des membres de ma famille peuvent venir une journée dans le service pour se rendre compte du travail que je fais ici.

– Ce n'est pas moi, petite secrétaire qui peux décider, mais j'en parlerai au docteur Lambert.

En psycho, nouveauté. Virginie m'explique :

– Nous allons faire de la relaxation. Vous vous allongez sur le lit... Vous fermez les yeux... Vous inspirez longuement par le nez et vous expirez lentement par la bouche... Pensez à votre musique préférée... Détendez-vous... Je prends votre bras.

Elle soulève les doigts puis les laisse retomber doucement. Je sens mon corps différemment. Mes muscles sont très souples. Virginie tient mon bras et j'ai la joie de retrouver le contact de mes cheveux dans ma main gauche.

– Maintenant, ouvrez les yeux.

Le charme est rompu.

– Quelles sont vos impressions ?

– C'était sublime.

– J'ai remarqué que vous étiez très réceptif, alors on recommencera.

– OK super !

– Vous rappelez-vous la chanson que vous avez choisie ?

– Bien-sûr, « Le bal des Lazes » de Michel Polnareff. Vous connaissez ?

– Non.

– C'est : « Je serai pendu demain matin, ça fera quatre lignes dans les journaux ».

– Pas très gai...

En ergo, Francine me regarde arracher de petites aiguilles d'un bloc de mousse et bien sûr de la main gauche. Pour voir si je peux me concentrer en discutant, elle me parle. Mon bras devient moins souple quand je dois lui répondre.

– Votre femme est jeune ?

– Bien sûr !

– A la maison, elle vous aide ?

– Oui, on est mariés pour le meilleur et surtout pour le pire en ce moment.

– Elle faisait vos transferts ?

– Elle a appris à Vilons, heureusement car elle ne mesure qu'un mètre soixante-huit et pèse cinquante-cinq kilos.

– Mais c'est une taille mannequin !

– Sûr, c'est mieux que soixante-huit kilos pour un mètre cinquante-cinq !

– Merci pour moi !

– Oh, pardon !

– Allez, c'est l'heure de la sortie, prenez ma main, serrez-la fort avec la vôtre, la gauche évidemment et marchons comme ceci jusqu'au bout du couloir.

Arrivés vers le secrétariat, je reconnais Pierre portant un blouson fluorescent sur lequel est inscrit dans le dos « SAMU 39 » et un talkie-walkie à la ceinture. Il est en compagnie de son collègue Vincent. Ils plaisantent avec Magali. Sitôt qu'ils nous voient, ils accourent à notre rencontre. Vincent prend la main libre de Francine.

– Monsieur Mausservey et toi, on croirait des jeunes mariés...

– Vraiment n'importe quoi !

– Dis, Francine, je te rapporte l'anse de ton sac que tu as perdue hier soir dans ma voiture.

L'ergo rougit et nous rions.

– Tais-toi Vincent ! Dites monsieur Mausservey, vous pouvez me lâcher maintenant !

– Je voudrais bien, mais mes doigts ne veulent pas s'étendre !

– Car vous avez trop serré !

Pour se libérer Francine écarte mes phalanges une à une. La secrétaire m'interpelle :

– Domi, j'ai demandé à monsieur Lambert pour la visite de ta famille. Ta femme et seulement la plus grande de tes filles peuvent venir le lundi vingt-six octobre.

– Super et merci Magali !

Dans la piscine, Philippe et moi, nous avons trouvé un charançon et un pince-oreilles. Le kiné prévient la direction qui ferme la salle de balnéothérapie jusqu'au remplacement du filtre.

Pour comprendre ma lenteur et mon handicap, suivons mon emploi du temps d'une journée normale :

– 8 h – Réveil, petit déjeuner.

– 8 h 30 – Toilette. Je me lave seul, excepté les cheveux et le bras droit.

– 10 h – J'enfile seul tous mes vêtements, sauf le pull et je ne peux lacer mes chaussures.

– 10 h 30 – Gymnastique, je répète les mouvements prescrits par Fat-Hang.

– 11 h – Je lis, j'écris, je fais notre petite comptabilité.

– 12 h – Déjeuner.

– 13 h – Gymnastique.

– 14 h – Je pars me promener dans le quartier.

– 15 h – J'écris, je regarde la télévision.

– 19 h – Dîner.

– 22 h – Isabelle enlève mon pull. Je me déshabille et me couche.

Une journée au centre de rééducation.
– 8 h 45 – Départ de Besançon en VSL. Direction Dole.
– 9 h 45 – Arrivée à l'hôpital.
– 10 h – Ortho.
– 10 h 30 – Piscine.
– 12 h – Repas.
– 13 h – Sieste.
– 14 h – Psycho.
– 14 h 30 – Kiné.
– 15 h 15 – Ergo.
– 16 h – Retour.

Nous sommes trois patients en salle d'ergo : Marie-France, Sandrine et moi.

– Tu vois Sandrine, Dominique et moi nous revenons de loin. Imagine mon coma était de force trois, alors...

– Mesdemoiselles, désolé de vous battre, j'ai commencé par un coma post-mortem puis stade trois et non force trois, puis deux, un et enfin coma vigilant.

Sandrine me regarde stupéfaite...

Avant le Beaujolais, la nouvelle ergo est arrivée. Mylène est une jolie petite femme énergique. Dole est son deuxième poste. Cet été, elle a effectué un remplacement de deux mois à Vilons. Cela me permet de prendre des nouvelles de mes anciens collègues. L'ergo me demande de lui décrire les gestes qui font défaut à mon autonomie. Elle posture mes membres supérieurs et me dit qu'il est possible de lacer ses chaussures et d'enfiler un pull avec une seule main. Je suis impatient de connaître ces procédés. Elle m'annonce également qu'il faut combattre en moi la syncinésie, défaut vu en particulier chez les hémiplégiques. Quand je me concentre pour pincer un objet avec les doigts gauches, ceux de droite, font également le même mouvement. Serrer, relâcher, étendre, tous ces gestes sont doublés.

Les invitations se succèdent à une cadence infernale. Ce soir, nous soupons chez une de mes tantes. Au retour, sur le siège arrière, les deux petites se sont endormies. Puisqu'il n'y a aucune place proche pour stationner, Isabelle décide de s'arrêter sur la chaussée de la copropriété face à notre cage d'escalier, de porter une à une les filles dans l'ascenseur, de les coucher dans leur chambre et enfin de se garer sur notre parking situé à cent cinquante mètres. Maëlle est transportée la première quand je vois les phares d'une voiture éclairer le pare-brise arrière. Ma femme arrive et emporte Amandine. A partir de cet instant, tous les occupants du bâtiment ont droit à un concert incessant de klaxon. Mon épouse surgit sur le bitume et incendie le chauffeur intransigeant.

– Vous ne pouvez pas vous taire, si je me suis arrêtée là, c'est que j'ai un mari handicapé et deux petites filles qui dormaient. Si vous étiez un peu tolérant, vous comprendriez, mais votre stupidité l'emporte !

Interloqué, l'homme remonte la vitre de sa portière sans oser répondre.

Assis sur une chaise, la tête dans le lavabo, je me fais laver les cheveux par Isabelle. Soudain, j'éternue, ma lèvre inférieure heurte le bord de la cuvette instantanément la partie charnue enfle et devient violette. Aussitôt arrivé à Dole, je suis interrogé par Magali.

– Domi, tu es tombé ?

– Non, ce n'est qu'une scène de ménage. J'ai voulu retenir une assiette en porcelaine mais c'est mon visage qui en a pâti !

Je remarque la rapidité et l'efficacité de « radio rééducation » car à midi, tout le personnel sait qu'il existe un froid entre ma femme et moi.

La journée se termine. Vincent m'accompagne dans l'ascenseur, nous rêvassons, arrivés au rez-de-chaussée, les portes s'ouvrent laissant affluer les adultes qui, sans gêne, nous bloquent au fond. Furieux, l'ambulancier s'emporte.

– Vous permettez que l'on sorte ! Vous êtes vraiment sans-gêne et égoïstes !

Je rencontre Sandrine dans le couloir, qui se promène sans fauteuil ni canne.

– Attends, lundi tu ne marchais pas, et maintenant tu te déplaces sans aide ! C'est un miracle ?

– Non, c'est de l'obstination contre l'avis du kiné. J'ai voulu voir ce que je pouvais faire seule.

– Il ne t'a pas dit que ta position n'est pas correcte ?

– Mais si, je sais que la prochaine séance va être houleuse !

Virginie est rayonnante.

– J'ai une idée.

– Aïe… Ça devrait être terrible !

– Mais non, avez-vous déjà pensé au cadeau de Noël de votre épouse ?

– Non.

– Qu'est-ce qui lui ferait plaisir ?

– Mais elle a déjà tout !

– D'accord, mais un petit rien que vous feriez de vos mains ?

– Alors là, je sais. J'ai vu que des malades peignaient sur la soie avec une aide-soignante. Mais est-ce possible avec une seule main ? Je ne sais pas ?

La psycho, enthousiaste, part chercher les motifs, car il faut déjà reproduire sur une feuille le dessin préféré. Je choisis un arlequin assis sur un quartier de lune puis un flamant rose.

– J'ai demandé des explications à la jeune femme qui est responsable de la soie. Donc, avec moi vous recopiez mais sans décalquer, ce serait trop facile. Puis, avec elle, vous retracez sur la soie, avec la gutta, les contours de ce que vous aurez dessiné. Attention, le moindre trou et la peinture diffuse partout ! Pour finir, avec un pinceau, vous déposez les couleurs. La soie se charge de les répandre. C'est simple.

– Très ! Si ma main droite était plus précise, ce serait facile, mais je suis d'accord !

Je suis espionné de toutes parts. Mylène critique :

– Je vous ai vu marcher ce matin. C'était affreux. Le bassin et les épaules tournés à gauche. Nous allons essayer d'y remédier.

– Et comment ? Quand je suis droit devant une glace, j'ai l'impression d'être vrillé à droite !

– Vous allez marcher en regardant votre pied gauche et vous efforcer de le positionner bien droit !

Après de nombreux essais, j'y parviens difficilement.

– Maintenant, tête droite. Continuez en fixant un point éloigné.

C'est une catastrophe, tous les défauts réapparaissent.

– Nous allons le travailler jusqu'à ce que se soit parfait !

Samedi soir, Isabelle et moi, nous décidons de dîner dans une pizzeria puis de regarder un film au cinéma. Dans le restaurant, tous les clients nous observent car j'ai oublié mon couteau fourchette et ma femme est toute désignée pour découper ma pizza. Tous ces regards sur ma nuque m'oppressent. Le repas terminé, nous nous dirigeons vers la salle de cinéma. Il y a foule, la file des spectateurs s'étire en dehors des trottoirs. Nous nous plaçons au milieu de la chaussée, mais un conducteur grincheux, au volant d'une grosse automobile force le passage. Les jeunes s'écartent rapidement. Quant à moi, je me desserre en clopinant, la voiture insiste et me pousse. Heureusement, un témoin se place face à l'auto pour me permettre de m'écarter…

– Tiens, Sandrine, tu as repris le fauteuil roulant ?

– C'est sur l'ordre du kiné. Il faut d'abord que je corrige mes positions de marche. Il m'a dit que si je continuais à n'en faire qu'à ma tête, ce n'était pas la peine que je vienne en rééducation !

– Alors, tu as cédé !

– Oui, mais à regret, car marcher, c'est génial !

– Salut les jeunes !

– Salut Magali !

– Domi, tu as le bonjour de Francine, elle nous a écrit !

– Merci, c'est sympa !

Vendredi, nous avons invité la belle-sœur à dîner. Le repas terminé, Isabelle raccompagne sa sœur. Moi, en bon mari, je débarrasse la table de la salle à manger. Je prends les assiettes par trois, les verres par deux avec mon bras droit, évidemment ! Les allées et venues sont innombrables. Les couverts enlevés, j'essuie le plateau, rassemble les miettes, puis avec mes doigts, les dépose dans la main gauche formant une cuvette. Je me dirige vers la cuisine, mais mon bras invalide devient spastique et tremble. Les miettes s'étalent sur le sol. Dépité, je les ramasse à l'aide d'une balayette. Au retour de ma femme, c'est l'opération ventouses.

Je suis couché à plat ventre sur le lit. Isabelle applique les gobelets dans mon dos. Soudain, je sens le brûlé. C'est un morceau de coton enflammé qui s'est libéré de la pince puis est tombé malencontreusement sur l'oreiller qui s'est immédiatement consumé. Affolée, mon épouse le jette dans la baignoire et l'inonde afin de maîtriser l'incendie.

Ce soir, je suis seul avec les filles. Isabelle est à un cours de danse. Donc, c'est à moi qu'incombe la charge de laver les deux petites. Amandine se débrouille seule, tandis que je savonne, douche et essuie Maëlle. Puis j'installe le couvert et chauffe le repas. Je suis étonné par mon assurance. Après le dîner, je surveille le brossage des dents et enfin je lis une histoire à mes adorables petits monstres. Maintenant, vient le moment le plus difficile, mettre une couche à Maëlle. Je soulève ses pieds et ses petites fesses. Amandine s'empresse de bien positionner le lange puis tire sur les bords tandis que je colle la languette, ouf fini !

– Papa !

– Oui ?

– J'ai pas fait pipi !

– Tu te moques de moi ! J'enlève ta couche et tu files aux W-C.

Et c'est de nouveau la galère pour habiller la chipie.

Comme prévu, ce lundi je me rends à l'hôpital en compagnie d'Isabelle et d'Amandine. Elles sont venues se rendre compte du travail que je fais à Dole car elles sont étonnées du plaisir que je ressens chaque jour de rééducation. Tout d'abord, ortho, ma petite fille rit de m'entendre articuler des stasda, cragra, crogro, crigri, crugru, crégré. Aussitôt sortie de la salle, la petite curieuse me demande :

– Dis, papa, pourquoi tu tirais la langue à la dame alors que tu me disputes quand je le fais ?

– Tu n'as pas entendu ? Elle me demandait de toucher le coin des lèvres avec ma langue.

Puis nous rentrons en salle d'ergo où Mylène explique à ma femme tous les mouvements qu'elle m'oblige à faire pour stimuler l'habileté de mes mains. Pour terminer la matinée, le docteur Lambert nous convie dans son bureau et nous discutons de mes progrès, de mon ancien métier, de la durée de la rééducation. Quarante-cinq minutes plus tard, nous sortons heureux d'avoir été écoutés par un spécialiste. Nous arrivons en retard en salle de repas où Marie-France semble gênée. A quatorze heures, Virginie, comme à son habitude, vient me chercher dans ma chambre et nous dialoguons. Elle parle de mon deuil, de mon moral, du handicap. Nous ne voyons pas le temps s'écouler et c'est avec une demi-heure de retard que nous nous rendons en salle de kiné. Là, Philippe nous explique la raison de toutes ces manipulations et les effets escomptés. Nous sommes agréablement surpris car il est rare qu'un service hospitalier ouvre si facilement ses portes et réponde aux interrogations d'un patient et de sa famille.

Le vendredi suivant, on sonne à la porte. J'ouvre, je vois l'ambulancier Vincent, le visage grave.

– Eh bien ! Que se passe-t-il ?

– Ton chef de service est décédé.

– Quoi ? Lambert ? Mort ?

– Oui ! Mardi soir, en rentrant chez lui à Lons, il a été victime d'un accident de la route.

– Eh, bien, ça ne doit pas être gai en rééduc... !

En effet, arrivé dans le service, silence total. C'est la consternation. Le personnel est livide. L'infirmière chef s'approche :

– Dominique, j'ai une triste nouvelle à t'annoncer.

– Je la connais déjà, notre docteur est mort.

– Je crois que tu l'avais rencontré la veille de sa mort.

– Exact, j'étais avec ma femme. Maintenant, je crois qu'on sera tous orphelins en rééduc.

– Oh oui ! Il faudra bien attendre trois à six mois pour trouver un remplaçant.

Une urne a été déposée près du secrétariat. J'y dépose un billet. Toute la recette sera versée pour la recherche contre le cancer.

J'ai pitié pour Magali. Elle m'avait déjà dit toute l'admiration qu'elle portait au docteur Lambert. Je la vois derrière son bureau effondrée, désespérée. Ce fut une journée très triste où l'on ne parlait que de la cérémonie religieuse qui aurait lieu le lendemain. Les jours qui suivirent l'enterrement, j'ai senti une profonde tristesse dans le service. Chacun essayait de faire de son mieux mais un malaise était bien présent.

Fat-Hang, toujours à la recherche d'un stimulant, m'annonce radieux :

– J'ai réfléchi Domi. Pour te donner du tonus, tu vas prendre de la corne d'antilope.

– Mais tu m'avais dit, en attendant le whisky, que je ne boirais pas de potion !

– Mais c'est bon ! Ecoute-moi ! As-tu une perceuse chez toi ?

– Oui, pourquoi ?

– Tu vas acheter une pierre que tu fixeras dans le mandrin pour poncer la corne. Tu mélangeras la poussière obtenue avec deux cuillères d'eau et tu boiras. OK ?

– Je suppose que c'est affreux.

– Mais non, tu commences le plus tôt possible, je t'en prête une, le temps que Paris t'envoie l'ordonnance que je t'ai préparée.

– Déjà ? Ça paraît urgent !

Que la vie est triste ! Ce matin Isabelle répond au téléphone. Une collègue de travail l'appelle. Son mari est dans le coma suite à un arrêt cardiaque de quinze minutes. C'est pour obtenir des renseignements sur cet état qu'elle interroge ma femme. Nous l'invitons à déjeuner pour parler plus librement. Durant le repas, je me rends compte du désarroi que j'ai fait subir à mon épouse. Les questions fusent, les réponses écorchent le cœur.

Après la séance de kiné, je me rends en salle d'ergo. Mylène est devant sa porte et me regarde.

– Essayez de marcher sans canne !

– Facile, chez moi je ne la prends jamais.

– Et de plus, sans appui, vous avez une position plus correcte !

– Vous en êtes sûre ?

– Certaine. Désormais vous viendrez dans le service sans elle.

– Super !

Isabelle a trouvé une pierre pour poncer la corne d'antilope. Mélangée à l'eau, le liquide ressemble à du plâtre, sent la poudre et son goût est indéfinissable mais surtout infect, dans la pure tradition des produits ordonnés par Fat-Hang.

Pour m'occuper, en ville, je me suis inscrit à l'université ouverte et j'y étudie la préhistoire en Franche-Comté. Equipé d'un magnétophone, je suis, dans un amphithéâtre, un cours hebdomadaire.

Au repas à Dole, Marie-France me donne un article qu'elle a découpé dans le quotidien jurassien. Le journal parle du docteur Lambert, de son accident et de son activité professionnelle. J'y apprends que le médecin a travaillé dans le cadre de la coopération au Maroc et en Afghanistan, puis en rééducation en Algérie, enfin comme journaliste au « Généraliste » avant d'intégrer un service de rééducation et de travailler à l'hôpital de Dole.

Mylène sourit de me voir me déplacer sans canne.

– C'est très bien ! Par contre, j'ai remarqué que quelquefois, l'équilibre est précaire.

– Ce n'est pas grave, je suis sûr que ça va s'améliorer et marcher comme tout le monde, c'est merveilleux !

– Aujourd'hui, je vais vous apprendre à enlever et enfiler les pulls et les blousons. Regardez ! C'est simple ! Voilà mon chandail : je le pose sur mes genoux afin de voir le dos du tricot. J'enfile le bras gauche dans la manche puis le droit. De la main droite, j'agrippe le tissu à la base du dos puis je le passe par-dessus la tête. Ensuite, il ne me reste qu'à positionner correctement le vêtement. Pour un blouson, j'effectue de la même façon. Par contre, il vous faudra des tailles plus amples.

L'ergo enlève mon pull, à moi de l'enfiler. Je peine à passer le bras gauche et mes lunettes me gênent pour élever le tricot au-dessus de la tête. Mais la réussite est essentielle.

– Maintenant on va l'enlever. Regardez ! Je tire l'encolure en avant, quand la tête est ressortie du vêtement, il est aisé de retirer les bras. Pour le blouson, c'est différent, je pince, entre le pouce et l'index gauche, la manche opposée. Quand le poignet droit a disparu, un mouvement d'épaule permet de dégager le bras. Il reste à tirer la veste pour dégager le côté gauche.

Les visites dans notre nouvel appartement se succèdent à une allure effrénée. Ce dimanche, nous avons la visite de ma sœur, du beau-frère et de leurs quatre enfants. Au cours de la discussion, nous parlons de Chazoy quand ma nièce m'annonce :

– Tu sais Domi, la Rita est morte.

Interloqué, j'ai une pensée émue pour ma chienne favorite et contre mon gré, je souris. Ma filleule parait très étonnée par ma réaction.

Isabelle téléphone à madame Detroit pour prendre des nouvelles de son mari, hémiplégique droit que j'avais rencontré à Vilons.

– Bonjour madame, je n'osais pas vous appeler car je sais qu'il est difficile de parler de son conjoint quand il est diminué.

Après les politesses d'usage, ma femme apprend que monsieur Detroit marche avec une canne, ne peut monter les escaliers. De plus il est incontinent et toujours aphasique. Les renseignements sur Pascal sont un peu plus réjouissants. Il est sorti du coma et a quitté Vilons, ses parents font construire un pavillon aménagé. Ce malheureux se déplace en fauteuil roulant et ne peut pas s'exprimer.

Toujours confiant, je pars « souffrir » chez Fat-Hang.

– Domi, tu as commencé le whisky ?

– Mais non, tu m'avais demandé d'attendre trois mois !

– Tu vas en boire une dose le matin, le midi et le soir.

– En plus de la corne d'antilope ?

– Bien sûr, tu verras, tout ça te transformera !

De retour à l'appartement, je bois le premier verre, c'est de l'alcool dénaturé qui a un arrière-goût de pharmacie.

Comme tous les premiers jeudis du mois, durant toute l'année scolaire, je vais travailler à la bibliothèque des enfants. Je me rends à pied à l'école. Au retour, une femme se précipite à mes côtés :

– Vous me faites peur de vous déplacer ainsi, cela fait longtemps que vous marchez ?

– Non, je viens du groupe primaire, il me faut un quart d'heure pour faire trois cents mètres.

– Et comment vous faites, seul, pour monter le trottoir ?

– Facile, je prends appui sur une voiture.

– Mon mari est hémiplégique depuis six ans, venez nous voir, nous habitons la cage d'escalier à côté de la vôtre, mais soyez prudent !

Quand je vois Mylène, un petit sourire aux lèvres, je me dis :

– Aïe, aïe, aïe, qu'a-t-elle donc inventé ?

– Pour que vous ne donniez plus l'impression de trébucher en marchant, j'ai inventé un petit exercice d'équilibre.

– C'est bien ce que je pensais. Dur, dur…

– Pardon, je ne comprends pas ?

– Votre visage radieux ne me prédit rien de bon.

– Allez, assez plaisanté ! A terre, j'ai déposé une boîte plastique de quinze centimètres de haut. Vous vous approchez, posez la pointe du pied droit dessus et tenez le plus longtemps possible en maintenant une position correcte.

– Facile.

Sitôt immobile, le pied surélevé, je penche mon corps en avant et je ne reste que deux secondes dans la bonne attitude.

– On va répéter le mouvement toutes les semaines jusqu'à acquisition parfaite.

– Bonjour !

– Tiens que se passe-t-il ?

– Je suis fâché contre ma psycho. Vous deviez savoir qu'il y avait le salon pour handicapés « Handi-Est » à Besançon ce week-end !

– Bien sûr ! Mais je ne pensais pas que vous seriez intéressé !

– Mais si ! Comment connaître les aides à la conduite automobile pour les hémiplégiques ? Maintenant que je marche, je voudrais conduire !

– Tous les ans, à Paris, au début de l'année, il y a une exposition sur toutes les assistances pour tous les handicaps. Nous y allons, je vous apporterai de la documentation.

Philippe discute en étirant mon bras.

– Vous avez rencontré notre nouveau médecin ?

– Oui, elle est jolie !

– Hélas, c'est une généraliste.

– Elle vient d'où ?

– Du service de gériatrie de l'hôpital.

– Elle ne doit pas être perdue, ici aussi il y a beaucoup de vieux !

– Oh ! Quelle mauvaise langue !

– Non, réaliste !

J'ai convoqué tous les agriculteurs de mon ancienne commune, dans leur mairie, pour l'élection du président local de la FDSEA. En effet, mon mandat expire ce mois-ci et comme je ne fais plus partie de la profession, je remets mon titre de président en jeu. Après d'âpres discussions, aucun candidat ne veut se présenter. Mes anciens collègues justifient leurs refus par la charge de travail trop importante dans leur exploitation. Une prochaine réunion est programmée la semaine suivante.

Lors d'un repas dolois, Marie-France ne cesse de parler, ce qui est chez elle un signe de mélancolie.

– Tu as vu Domi, l'ortho et la psycho vont partir en vacances et nous, nous n'en prenons jamais !

– Mais il faut demander des congés. Moi, je ne viens pas ici pendant les vacances scolaires de Noël.

– Et quoi faire si on me donne deux semaines. Sitôt que je sors dehors avec mon fauteuil roulant, on me regarde comme une bête curieuse. De plus, si je reste chez moi, je dois faire les devoirs que Virginie m'a donnés.

– Du travail comme les élèves ?

– Oui, il faut que je réapprenne ce que j'ai oublié. Par exemple : combien de secondes dans une minute ? Combien de grammes dans un kilo ? Tu sais ce n'est plus évident pour moi !

– Tu sais, tout est difficile. Pour le regard des autres : j'accepte celui des enfants car ils découvrent. Par contre je ne pardonne pas celui des adultes .

– Parlons d'adultes. Hier, je me suis engueulée avec ma famille parce qu'elle ne comprend pas mon handicap. Elle n'accepte pas ma difficulté à marcher.

– Un jour, un copain m'a dit : « Je te comprends ». Je lui ai répondu : « Quand tu mettras ton bras gauche en écharpe toute une journée sans t'en servir, alors là, tu pourras te rendre compte ce que l'on ressent quand on est invalide ! »

– De toute façon, les hommes sont des lâches !

– Merci !

– Non, je ne parle pas pour toi ! Je pense à mon copain, il ne vient plus voir, ni son gosse, ni moi. Pourtant, avant on était heureux. J'étais enceinte, on allait se marier, et tout à coup, tout s'est écroulé !

– Imagine pour un conjoint, c'est dur de voir sa copine ou son copain devenir invalide !

– Tu ne crois pas que c'est dur pour moi aussi ?

– Je ne dis pas le contraire, mais demande à Virginie, il y a très peu de couples qui résistent à cette épreuve !

– Mais toi, ta femme, elle est toujours là !

– Je sais, j'ai de la chance !

Mon épouse et moi marchons en ville. Nous devons traverser une rue. Je prends appui sur une voiture pour descendre la marche. Arrivé de l'autre côté, je m'apprête à monter sur le trottoir mais il n'y a pas d'automobile.

– Isabelle, sois prête à me retenir, je vais essayer de grimper tout seul.

– Doucement… Eh bien, tu vois, tu y arrives !

– Maintenant, descendre, pied droit, puis gauche, je suis en biais, mais peu importe, je peux le faire !

Je serre les dents et recommence. C'est encore un pas de plus en avant.

Fat-Hang est en grande forme, dans ce cas, je crains ses nouvelles idées. Il me pique sur le crâne et place, sur les aiguilles, les fils pour l'électroponcture.

– Oh non !

– Mais si Domi ! Mais si !

J'ai l'impression que mon cerveau est en ébullition. Je sais que c'est pour ma guérison, alors j'accepte.

– Tu sais, Domi, j'ai peur que les muscles de ton bras gauche s'atrophient, alors tu vas trouver une planche qui aille du biceps jusqu'au poignet et Isabelle la fixera avec des bandes de tissu sur ton bras bien étendu. Le soir même, avec l'aide du beau-père, le coude est très bien déplié, mais c'est incompréhensible, cette position m'empêche de bien marcher. Sur avis de Fat-Hang, nous ne ferons cet exercice que dans l'appartement.

Lors de ma balade quotidienne, une femme m'accoste :

– Monsieur, j'ai remarqué que vous aviez des difficultés à vous déplacer. Saviez-vous qu'il y a une personne qui peut vous aider ?

– Ah, non ? Qui ?

– Nous sommes une communauté qui se réunit chaque semaine. Par la prière et l'imposition des mains nous faisons des miracles.

– Vous avez des exemples ?

– Bien sûr ! Un jeune atteint d'un cancer pria le Seigneur et au grand étonnement des médecins il guérit. Une femme dépressive a cru en Dieu vivant et elle a retrouvé le goût de vivre.

– M… mouais.

– Il y a une célébration vendredi à 20 heures, je vous donne l'adresse.

– Ce n'est pas la peine. J'ai vu tellement de malheurs sur cette terre que je doute de l'existence de Dieu. Si je pouvais lui poser une question, je lui dirais : « Pourquoi moi ? ».

La femme s'en va tête basse.

A mon grand étonnement, je reçois une lettre du Centre de Vilons : « Cher monsieur. Nous effectuons, dans le service, une surveillance à distance des personnes ayant été hospitalisées pour prise en charge des séquelles d'un traumatisme crano-cérébral. Nous aimerions, si vous le voulez bien, vous revoir dans le cadre de notre consultation. Cette consultation comporterait d'une part, un contrôle de l'examen dont vous avez bénéficié de l'hôpital Jean Minjoz à Besançon qui s'appelle un Cérétec cérébral et qui avait été réalisé dans le service de Médecine Nucléaire. Nous aimerions d'autre part, vous revoir dans le cadre de la consultation au Centre de Réadaptation Fonctionnelle de Vilons, afin de contrôler le bilan neurologique et neuro-psychologique (qui comporte des tests de mémoire, de langage, etc.) Nous vous contacterons par téléphone dans quelque temps afin de préciser avec vous les modalités pratiques de ces rendez-vous si vous en acceptez le principe. Je vous prie de croire, cher Monsieur en l'expression de mes sentiments les meilleurs.» Signature du docteur Decalbe, de son assistante et du docteur Faivre.

Bien élevé je m'empresse de répondre. J'envoie une lettre à chacun de ces médecins. « Monsieur. Suite à une lettre du Centre de Rééducation Fonctionnelle de Vilons, je suis très surpris de cette initiative. En effet, j'ai quitté ce centre il y a plus d'un an estimant que la rééducation n'était pas assez intensive et d'autre part, il y avait un manque de communication avec le médecin chef de l'époque, le docteur Mornaz. En effet, lors d'un rendez-vous avec ce praticien, il m'a signifié qu'il m'était impossible d'être externe, que je ne remarcherais jamais convenablement et que mon hospitalisation a été pour son centre une perte de temps. J'ai été jeté dehors sans fauteuil roulant et plus grave, sans médication. J'ai été accepté dans le service de rééducation du CHG Louis Pasteur de Dole en hospitalisation de jour, depuis je marche sans aide. Si vous jugez que cet examen est primordial pour ma santé, adressez-vous à l'hôpital de Dole qui fera le nécessaire. »

Il n'y aura pas de réponse à cette lettre.

Arrivé dans le service de rééducation, je rencontre Mylène.

– Bonjour. Mon ergo aurait-elle des soucis ?

– Non, pourquoi ?

– Vous avez le visage des mauvais jours.

– Mais vous avez vu ce temps, la forêt de Chaux est noyée dans le brouillard, alors il fait frais et humide ! Heureusement la brume va se lever.

– Non.

– Vous plaisantez !

– On parie ?

– D'accord, si le brouillard ne se lève pas je vous dois des chocolats, par contre s'il se dissipe, c'est à vous de m'en apporter !

– Tenu !

En fin d'après-midi, le ciel est toujours brumeux.

– Vous avez gagné !

– Non. C'était une blague !

– Pas question, je tiens mes engagements.

– C'était facile pour moi, car je connais un dicton. « Brouillard dans les prés, va travailler. Brouillard dans les bois, rentre chez toi. » Ancien paysan, j'avais plus de chance que vous !

– Peu importe, j'ai perdu, vous aurez vos chocolats.

– Eh bien merci !

Comme d'habitude, j'ai les doigts gauches crispés sur la paume de la main. Fat-Hang, me masse énergiquement le bras.

– Tu veux étendre les phalanges ?

– Je voudrais bien, mais…

– Regarde Domi.

Il tourne mon avant-bras, la paume de la main en haut puis appuie fortement en un mouvement circulaire à l'extrémité du poignet où les veines sont visibles. Comme par enchantement les doigts se délient. Le soir même, je recommence les mêmes gestes et je suis toujours surpris par la souplesse et la docilité de mes phalanges.

Je quitte Marie-France pour effectuer une sieste réparatrice. Dans le couloir, je croise l'infirmière chef.

– Attends-moi ici Dominique !

Je vois la femme s'engouffrer dans une pièce puis en ressortir avec un linge de toilette.

– Tu as de la crème au coin de la bouche !

– Mais je ne sens rien.

– C'est normal, tu as une faible paralysie de la moitié de ton visage.

En fin d'après-midi, Mylène me décontracte les doigts.

– Vous n'êtes pas bavard, c'est étonnant, vous paraissez morose, pourquoi ?

– C'est la date anniversaire de mon accident. Vingt-trois mois que je végète.

– Oh ! Là, stop, le délire. Plus de fauteuil, plus de canne, moi j'appelle cela des progrès !

– Ouais d'accord...

La piscine est réouverte, curieuse, Mylène tient à m'accompagner.

– C'est génial ce système.

– Pour la marche, c'est certain. Par contre, mon bras est toujours aussi tétanisé.

– Vous en déduisez quoi ?

– Je pense qu'une séance d'ergo est plus bénéfique pour ma main qu'une heure de balnéo.

– Je vais en parler au médecin.

Pendant la séance, chez Mylène l'après-midi, je suis détendu.

– J'ai parlé avec la chef de service de votre opinion sur le bain de ce matin, elle est d'accord pour que vous arrêtiez.

– Parfait.

– Tenez, comme promis un cadeau pour vous.

– Ouais, super, des chocolats ! Mais je suis gêné, je vais les laisser ici et on les mangera tous les deux.

– Pas question, j'ai perdu mon pari. Dégustez-les avec votre famille !

Les yeux de Fat-Hang brillent.

– Tu es en forme aujourd'hui Domi ?

– Bien-sûr pourquoi ?

– Je vais voir si tu dis vrai !

Il place deux aiguilles sur mon bras gauche puis deux sur la jambe du même côté et il place deux appareils d'électroponcture simultanément sur mes deux membres. Quand je sens le courant traverser les muscles, je vois mes doigts jouer du piano et mes orteils battre la mesure.

– Tu sais que tu dois être solide pour supporter deux décharges en même temps !

Je me plains auprès de Mylène de ne pouvoir attacher ma banane seul.

– Comment, c'est votre femme qui vous la met ?

– Bien obligé !

– Ah, non ! Vous pouvez l'enlever ?

– Ça je peux.

– Donnez-la moi et regardez, je n'utilise que la main droite. Je coince la sacoche sous le coude gauche, je passe l'anneau entre le pouce et l'index invalides puis, avec le bras droit je vais chercher dans mon dos l'autre extrémité de la lanière que je joins au crochet et le tour est joué. Facile !

– Il suffisait d'y penser !

– Mais c'est l'évidence même !

– Peut-être pour vous mais pour un traumatisé crânien, ça l'est moins !

– Je croyais que vous n'aimiez pas la pitié ?

– Mais je n'en ai pas demandé !

En soirée, je déambule dans le couloir lorsque j'aperçois

Amandine debout sur le bord de la baignoire.

Isabelle que je n'avais pas vue me réplique :

– Mais arrête un peu de stresser chaque fois qu'une gosse n'est pas plantée debout bien droite !

– Moi, je sais ce qu'un accident peut provoquer.

Sandrine devient plus sociable. Souvent, après le repas, elle se joint à nous. Nous discutons de sorties, de musique, de jeunesse. C'est bien agréable.

– Dis, Domi, tu es bien vu ici. J'ai remarqué que beaucoup d'infirmières te tutoient, te disent salut.

– C'est la rançon de la gloire, ça n'arrive qu'aux beaux gosses !

– Arrête vantard !

Une nouvelle collègue vient troubler notre petite vie bien paisible. En effet, une grand-mère, en fauteuil roulant, se place à notre table pour le repas. Deux «Bonjour» fusent mais pas de réponse. La femme acariâtre bougonne, incompréhensible. A la fin d'un repas silencieux, Marie-France me demande :

– Tu peux me donner un mouchoir s'il te plaît, la boîte est trop haute pour moi.

Je me lève et pars en direction de l'armoire. « Deux », me lance la vieille dame.

– S'il vous plaît, ça ne va pas t'écorcher la gueule !

Je lui en donne tout de même un. Sandrine vient nous rejoindre.

– La porte, grommelle notre voisine.

Et nous trois de lui répondre en cœur :

– Mais tu nous pompes !

J'ai fini le cadeau de Noël d'Isabelle. Les peintures sur soie ne sont pas exemptes de défauts mais l'essentiel reste que je les ai faites seul.

Je rends visite à un voisin hémiplégique depuis six années. L'homme est à la retraite, il a été victime d'une attaque comme c'est le cas pour beaucoup de personnes de son âge. Son bras gauche n'est pas revenu. Il a quitté Vilons en mauvais termes avec Mornaz. Il marche avec une canne. Il va en kiné et en ergo à Besançon. Sa femme a quitté son emploi pour être à ses côtés comme tierce personne. Nous parlons longuement du handicap, des séquelles de Vilons, des valides, de Dieu, des aides…

J'ai supporté la planche ordonnée par Fat-Hang quinze jours, mais j'ai des douleurs dans l'épaule. L'acupuncteur craint une luxation et me conseille d'arrêter.

En ortho j'exécute un exercice qui me surprend. Pour améliorer mon articulation qui se détériore après quinze minutes de lecture à voix haute, je dois lire un texte avec un stylo entre les dents. Cela m'oblige à parler plus lentement et à prononcer plus intelligiblement les mots.

Comme à l'armée, sous l'œil de l'adjudant Mylène, dans le couloir, je marche le mieux possible.

– Tête droite, bouche fermée, bassin droit, stop !

– Ouf !

– Essayez de faire un pas le plus normalement possible. Quand la chaussure touche le sol, ce n'est pas la pointe du pied mais le talon qui se pose en premier. OK ?

– Dur, dur…

Virginie s'aperçoit que je suis morose.

– C'est l'anniversaire qui approche ?

– Oui, dans quatre jours, il y aura deux ans que je suis tombé.

– Il faut sortir pour oublier.

– C'est ce que je fais, mardi, j'ai rendu visite à un hémiplégique.

– Ce n'était pas la meilleure solution.

– Je sais, j'ai vu les séquelles six ans après. C'est affreux, surtout pour le bras !

– C'est dur de faire le deuil.

– Mais, je l'ai déjà fait, moi.

– L'avenir nous le dira.

– A propos de deuil, mes parents n'ont pas osé m'annoncer le décès de ma chienne. C'est ma nièce qui m'a dit que Rita était morte et moi, pour ne pas pleurer, j'ai ri. Ma filleule m'a certainement pris pour un fou !

– Dans votre cas le rire cache toujours quelque chose !

Isabelle et moi, sommes invités à l'anniversaire de mariage des beaux-parents. Pour la première fois depuis l'accident, j'enfile mes chaussures de ville, l'équilibre est précaire. Avec ma femme, plus de rocks endiablés mais les slows langoureux sont conseillés. Je suis moins boudiné dans mon costume que lors du mariage de ma jeune sœur. A vingt-trois heures, nous quittons la famille car demain, je vais en rééducation. La nuit sera courte et mouvementée, à l'approche du quinze décembre, je pleure sur tout ce que j'ai perdu. Mes illusions, mon indépendance…

Vingt-quatre mois, que c'est long.

Inutile de préciser à Virginie que le moral est bien bas. A voir ma mine déconfite, elle a dû s'en rendre compte. Un accord est passé entre nous : interdiction de parler de l'anniversaire. La nouvelle s'est vite propagée. Philippe et Mylène essayent de me divertir, en vain. Tandis qu'au repas, Marie-France est étrangement silencieuse. La nuit sera comme la précédente : un léger sommeil entrecoupé de pleurs.

15 décembre

Date horrible. Dès le matin je me remémore tous les gestes que j'effectuais il y a deux ans. Six heures, réveil. Six heures quinze, ensilage, farine, foin. Neuf heures, petit déjeuner. Dix heures, litière et c'est là que tout est arrivé. Médecin, SAMU, opération, coma, centre de rééducation et séquelles. Je sombre et je pleure en silence.

Durant l'automne, j'ai fait des progrès infimes, mais innombrables. La marche qui m'est si chère s'améliore de jour en jour. J'ai beaucoup moins d'appréhension. Si ma chaussure bute contre un obstacle, je me rattrape. Avec assurance, je monte et descends les trottoirs. En société, je peux rester debout, droit et immobile longtemps, ce qui était encore difficile il y a peu de temps. Le physique progresse mais le moral chute, ce qui est compréhensible à cette époque de l'année. Je m'énerve plus vite, n'accepte plus ma condition. Par contre, j'apprécie plus la plaisanterie et mon côté blagueur réapparaît. Que me reste-t-il à améliorer ? Tout d'abord, marcher convenablement, c'est-à-dire le torse et le bassin droits, la tête non penchée, la bouche fermée. Mais j'ai confiance en l'avenir sur ce point. Quand ceci sera retrouvé, je m'attacherai à améliorer l'élocution. Parler distinctement, articuler, mettre de l'intonation, en clair, discuter et lire convenablement. Et enfin, il reste la récupération de ce satané bras gauche qui demeure revêche avec son épaule immobile. Je ne peux volontairement que lever l'avant-bras au niveau de la poitrine, pincer des objets entre le pouce et l'index et ouvrir les doigts lorsqu'ils ne sont pas repliés complètement. Quand je vois ces séquelles, j'essaie de faire le deuil de ce qu'était cette main auparavant pour arriver en rééducation l'esprit libéré, disposition obligatoire pour une plus grande récupération. Mais le quinze décembre, je ne peux m'empêcher d'être morose, renfermé, éteint.

La nuit tombe sur ce quinze décembre 1992. Arrivé dans ma chambre, je découvre sur mon oreiller une lettre d'Isabelle :

Je t'ai déjà raconté que lorsque tu étais dans le coma et que je sentais l'impuissance me gagner, je pensais aux paroles de cette chanson :

« Souris, puisque c'est grave
Si les dieux te déçoivent

Offre-leur un visage radieux
Souris puisque c'est grave
Seules les plaisanteries doivent
Se faire dans le plus grand sérieux
Puisque c'est si grave
Souris un peu... »

Pense à cette chanson. Il faut être plus fort que ceux qui veulent te voir tomber à terre. Il faut être fort aussi pour tes filles qui voient en toi un modèle, un réconfort, une protection.

Et pour moi, car je marche au bord d'un précipice...

Conclusion

Voici deux années que je galère en rééducation. Pour un gain de temps minime, j'ai sombré très près du néant. Ma course contre la montre pour grappiller quelques minutes, s'est traduite par une immobilité de sept cents jours. Les jeunes, pleins d'énergie ne peuvent pas imaginer qu'une si petite chute puisse provoquer tant de séquelles.

La vitesse est l'ennemie de l'homme, pourtant gagner du temps reste sa principale préoccupation. Aujourd'hui, je me sens coupable de ma rudesse à la besogne. Si j'avais été moins intransigeant avec moi-même, j'aurais certainement évité cette seconde d'inattention.

Cet accident a profondément bouleversé ma vie familiale et professionnelle. Envolé l'espoir d'une association qui devait me permettre de travailler plus consciencieusement. Une plus grande disponibilité pour ma petite famille était également prévue.

Tant que le malade n'a pas retrouvé toute sa lucidité, même après le coma, il vit dans une parfaite béatitude, complètement ignorant de son état physique et du monde qui l'entoure. Lorsqu'il redevient progressivement conscient, il se rend compte de sa dépendance et il ne peut que crier son indignation, et se révolter face à cette injustice.

Les visites quotidiennes familiales et amicales sont bénéfiques et également indispensables pour une amélioration qui est lente mais tant espérée.

On ne peut imaginer l'angoisse des familles quand un être cher est gravement blessé. Ma femme se trouve désorientée face à mon coma. Je regrette le mutisme des médecins : un conjoint dans le désarroi doit être soutenu et rassuré. Les interrogations et la tristesse de mes deux petites filles sont apparues plus insidieusement : l'aînée qui ne me voulait plus dans ma nouvelle condition et la cadette qui ne pouvait pas faire le rapprochement entre cet homme couché et son papa.

Placé dans un centre de rééducation, j'ai découvert un univers insoupçonnable, tant de personnes condamnées à supporter un handicap et toutes regroupées en un seul lieu : une misère jusqu'ici camouflée.

Il faut être d'une extraordinaire force morale pour accepter sa nouvelle condition physique. Ma triste expérience m'a convaincu que si un invalide ne se fixe pas un but, il progresse plus lentement ou cesse toute amélioration.

Lorsque la personne diminuée sort pour la première fois des locaux hospitaliers, elle est immédiatement confrontée à la stupidité des valides. Les regards des adultes me blessent, par contre, j'accepte la curiosité des enfants. J'ai peur de la confusion des hommes : je pense qu'ils font l'amalgame entre handicapé physique et déficient mental.

Parmi tous les affronts que j'ai subis, les plus humiliants demeurent ceux occasionnés lors des démarches administratives. Les banques et les assurances, ces organismes ont l'indélicatesse de dénigrer un client sitôt qu'il se déplace en fauteuil roulant. Immédiatement, le malheureux plonge dans un profond trouble. Après sa chair, sa dignité est torturée.

En plus de toutes ses tracasseries, l'invalide doit faire le deuil de toutes ses anciennes possibilités physiques. J'ai la certitude que lorsque j'y ai renoncé, seulement à partir de ce moment précis, mes progrès ont été bénéfiques. Ceci ne signifie pas que j'aie accepté ma nouvelle condition. Je la tolère seulement...

Dans les fréquents moments de doutes, je me tourne vers Dieu. Si je m'en suis écarté, je suis revenu vers lui pour m'en rapprocher le plus près possible. Maintenant, il m'est devenu un précieux appui.

Lorsque je me projette dans un futur proche, je ne conçois pas mon amélioration physique sans les séances hebdomadaires chez l'acupuncteur. Ces soins peu conventionnels ont prouvé leur efficacité : ils sont pour beaucoup dans ma relative indépendance actuelle. Cet homme devrait enseigner la logique et le bon sens aux médecins français.

Je poursuivrai ma rééducation à l'hôpital de Dole, car le personnel de ce service m'a appris et m'apprend encore à vivre différemment, mais en harmonie avec mon corps.

Actuellement, mes projets professionnels sont flous. S'il subsiste des déficiences motrices à mon bras gauche, beaucoup d'embauches se déroberont. Toutefois, j'espère un emploi sédentaire en liaison avec l'agriculture.

En ce moment, je me sens inutile à la société et ma situation d'assisté me déplaît. Je devrai encore végéter comme ceci les trois années à venir. En effet, le milieu médical m'a averti : dans le cas d'une hémiplégie provoquée par un accident, les progrès s'étalent de deux à cinq ans...

A l'aube d'une nouvelle existence, une pluie d'interrogations m'assaille. J'enrage sous les réponses : toutes les solutions, je les imagine emprises de bon sens. C'est pour cela qu'elles m'effraient, car mon avenir est précédé d'un « si ». Ce sont ces deux lettres qui conditionnent mes projets. Je me sens frustré et contraint d'accepter : je subis le handicap. Contre mon gré, je me forge une nouvelle vie.

Je me surprends à penser tel un vil égoïste. Actuellement, je vis trop de désillusions. J'ai peur de manquer de courage et de sombrer dans la déprime. Je feins la joie, mais la rencontre rarement. Autrefois, je me moquais des personnes démoralisées, maintenant, je dois affronter ce problème. Encore une bataille qui risque d'être longue et douloureuse : un combat pour la vie…

Je vous mets en garde, attention à tous : ça n'arrive pas qu'aux autres… Et j'ai envie de crier : « Pourquoi moi ? ».

Extraits du journal d'Isabelle

19 décembre 1990

Aujourd'hui, tu es très réceptif. Chaque fois que je te demande de bouger les paupières, tu le fais. L'espoir remonte. Je te demande de te réveiller demain... Espoir.

23 décembre 1990

C'est ton anniversaire. Tu n'as pas eu beaucoup de réactions à mes stimulations. Je t'ai lu des articles de la « France Agricole », fait écouter un nouvel enregistrement des filles. Peut-être demain ? Je t'aime.

29 décembre 1990

Aujourd'hui, une grande lueur. Ce matin tu as levé le bras gauche et cet après-midi je t'ai vu refaire le geste et également bouger la jambe du même côté. Ce soir tu as bougé le bras droit. Tu es toujours très sensible à la cassette de la ferme. De plus tu as beaucoup progressé au niveau respiratoire.

4 janvier 1991

Cet après-midi, pas de changement. Tu étais fatigué. Mais ce soir, quand je suis arrivée, tu as souri, et plusieurs fois. De plus, nous parlions avec ton frère des sketches de Coluche et tu as ri une ou deux fois. Tu paraissais très près de nous.

Bientôt. Je t'aime, je t'aime.

8 janvier 1991

Cet après-midi : fauteuil, ta tête tombait. Ce soir, j'ai vu l'infirmier que ta cousine connaît. Il m'a un peu réconfortée car j'étais plutôt pessimiste. Il m'a dit qu'il ne fallait pas se décourager car il y a de l'espoir. D'après lui, tu nous vois mais tu ne seras sorti du coma que lorsque tu pourras communiquer : serrer la main, hocher la tête, etc.

Ce soir tu as encore ri quand je t'ai fait écouter la cassette de Coluche. J'ai d'ailleurs arrêté la bande, j'avais peur que tu ne t'étouffes. A quand notre vie normale ? Bisous.

11 janvier 1991

Ce soir tu m'as fait très plaisir. Tu as compris que je te demandais de fermer la paupière quelques secondes et tu l'as fait. Je t'ai aussi demandé de faire oui avec les lèvres et ça a marché. Je t'aime, réveille-toi vite !

15 janvier 1991

Tu es enfin au septième étage en neurochirurgie. Ce soir, ma mère a pu venir te voir et lorsqu'elle t'a demandé si tu avais mal quand elle tenait ta main (tes doigts étaient contractés) tu as remué les lèvres pour dire « un peu ». Le chef de service dit que tu es dans un coma vigilant. Ils ont essayé de te mettre une canule parlante et par deux fois, j'ai eu peur que tu ne t'étouffes. Je suis allée voir ta cousine pour qu'elle aille se rendre compte. Elle m'a dit que cette canule te donnait peu d'air comparée à l'autre, et le soir tu es beaucoup trop fatigué pour faire l'effort. Elle m'a dit de dormir tranquille, qu'ils n'essayeraient plus. A demain.

18 janvier 1991

J'ai vu le neurochirurgien. Il va te décanuler la semaine prochaine. Aujourd'hui, ils ont essayé, mais tu n'as pas dégluti. Tu vas tout de même mieux ! Par contre ta nouvelle canule est difficile à supporter. L'infirmière m'a dit qu'elle faisait sept centimètres dans la trachée et que tu étais irrité. Courage, tu as fait le plus dur.

P.S. : Quand je t'ai demandé pourquoi tu n'avais pas avalé, tu as fait une grimace avec ton nez, comme si c'était mauvais.

22 janvier 1991

Ça y est, ils t'ont enlevé ta trachéo, super ! J'ai vu l'assistant du chef de service et je lui ai demandé s'il parlait encore de coma. Il a répondu tout à côté et je n'en sais pas plus qu'avant. Mais cet après-midi, j'ai appelé ton médecin de famille et d'après elle, une personne dans le coma ne mange pas. Elle m'a dit qu'elle viendrait te voir demain pour en savoir un peu plus. Ta cousine a retrouvé une copine qui est infirmière en neurochirurgie, donc elle va essayer de lui demander son avis. Tu m'as promis de parler demain ! J'attends demain avec impatience.

25 janvier 1991

Enfin tu essaies de parler vraiment. Je n'ai pas tout compris évidemment, mais quelques bribes quand même. Tu m'as demandé des nouvelles de ta tante qui est hospitalisée aussi. Je t'avais demandé de dire « Bonjour maman » à ta mère quand elle arriverait et tu t'es trompé. Tu lui as dit « Bon anniversaire ! ». Tu as l'air de ne pas te souvenir de ta chute et non plus du stage que tu as fait quelque temps avant ton accident. J'ai demandé à l'infirmière si Amandine pouvait venir te voir, mais elle demande que l'on attende encore un peu. Demain, ils vont essayer de te donner de la purée et je vais t'apporter des petits pots de bébés car ça à l'air de te plaire.

Continue, courage.

28 janvier 1991

Tu dois aller mieux car tu m'as dit que tu voulais divorcer et te remarier avec Véro, que je pourrais bien retrouver un paysan ! Tu as éternué quand tu mangeais la crème au chocolat de ta belle-maman et j'en ai pris plein la figure, le chemisier, le pantalon... Pour la première fois, tu m'as fait un bisou en partant (je t'en ai demandé un deuxième). Tu voulais savoir combien de kilos il fallait que tu reprennes pour qu'on arrête le gavage, tu voulais essayer de manger seul. Tu veux brûler toutes les étapes ! Courage ! Depuis hier, tu peux enfin boire.

03 février 1991

Tu as été content de voir tes copains : Nome et Loux. Ils t'ont fait bien rire. J'en ai marre de te voir nu quand j'arrive, je trouve qu'ils pourraient faire attention. Surtout que tu m'as dit que c'était parce que madame Lepen t'avait demandé ton prénom ! ! Je t'aime.

07 février 1991

Le sept, mon porte-bonheur et pourtant ! D'abord la neige. En plus j'ai vu le docteur Mornaz qui s'occupe de toi et ça a été la vraie douche froide. D'après lui ta jambe gauche n'est pas sûre de fonctionner à nouveau. Ni les bras. Est-ce possible ? Pardon de ne pas t'en dire plus mais j'ai le moral à zéro. De plus le téléphone n'arrête pas de sonner (Annick, Véro, Sylvie, Isabelle). Et toi, pourtant, tu progresses. Tu as tenu ton verre d'eau de la main droite et tu l'as porté jusqu'à tes lèvres. C'est la première fois que tu peux autant lever ton bras droit. Alors ?

08 février 1991

Enfin, ils t'ont retiré la sonde du nez. Il faut que je te parle un peu de moi. Ce matin, en arrivant au boulot, j'étais complètement déprimée. Je suis allée vers Marie-Ange me faire consoler. Ma chef a dit qu'il fallait aller dans son bureau. Elles ont essayé de me réconforter. Je ne vais pas bien. Peux-tu m'aider ? Tu as bien bougé l'épaule droite aujourd'hui, mais pas l'épaule gauche, ni la jambe gauche.

09 février 1991

D'abord la neige qui ne facilitait rien. De plus, ce soir, lorsque je te donnais à manger, je me suis énervée et je t'ai demandé de tenir ta tête droite un peu sèchement. Tu as commencé par me dire « ne t'énerve pas » puis tu t'es mis à pleurer. J'ai essayé de te demander pardon mais tu étais inconsolable. Ce que je peux être bête ! Cet après-midi, les infirmières t'ont mis dans un fauteuil roulant : tu es si maigre et la tête sans force, tu as changé à cent pour cent. Mon Dieu, si tu existes, fais quelque chose pour lui ! Si tu voyais cette métamorphose ! Elle est gravée dans ma tête à jamais. Pendant que tu étais au fauteuil, on a regardé la télé et j'ai appuyé ma tête contre ta joue pour tenir ta tête droite. Pourvu que tu y arrives !

17 février 1991

Tu as eu un tas de visites : les filles, Jean-Marc, la famille Montoise etMartine. Ça t'a bien crevé et tu avais le cafard ce soir. Je vais résumer tes progrès en dix jours. Ta voix est revenue, tu tiens mieux ta tête et tu peux la tourner sur la gauche. Tes bras sont plus souples, tes jambes aussi. Tu tiens mieux ta tête au fauteuil et ta mâchoire inférieure est moins lâche quand tu es assis. Déjà pas mal non ? Je t'aime.

22 février 1991

J'ai fait la connaissance de madame et monsieur Maudou. Ils habitent Vilons et m'ont proposé gratuitement un deux-pièces très proche du centre de rééducation. De plus l'homme nous a accompagnées avec ta cousine infirmière pour faire connaissance avec toi, pour revenir te voir tout seul. Tu as eu aussi la visite de Manu et de ton véto. Ils t'ont tellement fait rire que tu as dû attraper mal au ventre. Demain soir on fête la vie de fille de Catherine. Je vais essayer de rire un peu. Je ne me sens pas coupable, mais triste de te savoir cloué au lit. Qu'est-ce que sera la semaine prochaine pour le mariage ?

28 février 1991

Tu progresses. Aujourd'hui tu pouvais soulever la tête, ta nuque et ton buste comme pour t'asseoir. Tu étais plutôt lucide et tu n'as pas beaucoup divagué. Je t'aime.

03 mars 1991

Pas écrit hier, cause mariage de Catherine. Je n'avais pas un super moral. Je suis rentrée à 4 heures 15. Je te l'ai dit ce matin. Tu n'étais pas fâché, tu as seulement trouvé triste d'avoir fait un mariage « calme » pour toi. Je t'aime, même si j'ai passé le retour du mariage en chialant... !

05 mars 1991

Cet après-midi, tu étais en super forme. Tu riais pour un rien. Tu as réussi à soulever un peu ton buste et même lever un peu le coude droit. J'ai discuté avec l'infirmière qui m'a dit que tu avais une super volonté. J'avais le moral vingt sur vingt. Continue !

06 mars 1991

J'ai vu Mornaz, alors j'ai le moral à zéro. Je n'ai même pas envie de te raconter ce qu'il m'a dit : tu vas mieux niveau tête, mais moteur... ! Il fait des périphrases qui ne veulent rien dire. Tiens bon, je suis tellement lasse.

16 mars 1991

Tu étais assez fatigué et cet après-midi tu avais encore du mal à tenir la tête lorsque tu étais assis. Ce soir, tu as eu un coup de cafard, mais pas très long. J'espère que tu n'as pas craqué une fois que je suis partie. Je t'aime. Garde courage !

21 mars 1991

Jour du Printemps, jour de soleil. Lorsque je suis arrivée, tu avais déjà envoyé balader la planche en bois recouverte de mousse qui se pose sur un accoudoir de ton fauteuil. Tu voulais aller te balader. Tu n'as pas voulu que l'aide-soignante te recouche avant le dîner. Tu as réussi à soulever le bras droit et la jambe gauche. Des jours comme aujourd'hui, je ne peux plus douter, je sais que tu vas récupérer à cent pour cent. Tu redeviendras mon mari, mon amant, mon amour parce que je le veux et je me battrai de toutes mes forces pour cela. Je t'attendrai. Je te retrouverai. Serre ma main. Je t'aime.

24 mars 1991

Ce dimanche, ma sœur a eu la bêtise de t'offrir un stylo et un papier. Evidemment tu n'as pas pu écrire. Ça ne t'a pas mis en forme. Tu m'as demandé de t'apporter un cahier où tu voudrais noter tout ce que tu ressens. Je t'ai proposé de te servir de dactylo mais tu ne veux pas. Je n'ai pas le moral ce soir, tout est si long. Marre.

30 mars 1991

Tu as un peu pleuré car je te demandais de redresser la tête. Pardon ! Par contre le soir, j'ai réussi à échauffer les muscles de ton bras gauche et tu as pu le bouger ainsi que ta jambe du même côté. Tu vas y arriver, tu dois y arriver ! S'il te plaît !

7 avril 1991

Tiens un sept, mon chiffre porte-bonheur. Aujourd'hui, tu as demandé à l'infirmière ce qu'il fallait que tu fasses pour sortir en fin de semaine. Elle t'a répondu que les transferts devaient être très bons. Durant la dernière quinzaine, ils n'ont pas changé et il ne faut pas espérer de sortie avant août. Ne t'inquiète pas, je signerai une décharge s'il le faut, mais je te le promets, que début juin, nous parlerons de sorties.

Je t'aime. Garde confiance !

9 avril 1991

Cet après-midi, super ! Tu te balades tout seul en fauteuil roulant. Tu appuies sur le sol avec ton pied droit pour avancer et tu te butes très peu. Super ! Super ! Je t'aime.

17 avril 1991

Je poursuis les massages et tu continues les progrès. Par

contre tu as de moins en moins le moral. Tu commences à douter de ta récupération. Je t'ai parlé de l'acupuncteur et tu as semblé penser que tu n'allais pas tout retrouver. Je m'en veux de ne pas t'avoir donné une réponse directe. Comment faire si tu commences à désespérer ? Et moi, pourquoi est-ce que je doute ? Que c'est long. Qui croire ? Que penser ?

24 avril 1991

Tu continues à progresser et à perdre le moral. Tu as fait du standing et mangé un croissant au chocolat. Bien sûr sans rien dire. Mais que te dire pour que tu reprennes ton courage ? Tu es obsédé par l'idée de ne pas remarcher. Courage s'il te plaît ! J'y crois, pourquoi pas toi ?

27 avril 1991

Six ans aujourd'hui que je t'ai dit « oui ». Je ne regrette rien, sauf ne pas avoir pris plus de temps pour t'aimer. L'acupuncteur t'a fait sa première séance aujourd'hui chez Maudou. Il pense que tu as quatre-vingts pour cent de chances de remarcher dans huit semaines, mais il est plus réservé pour ton bras gauche. Il m'a dit qu'il ferait le maximum et qu'il te ferait remarcher. Il nous a expliqué que tu as des nerfs écrasés au niveau de la nuque. Il m'a montré comment te coucher, te mettre sur le côté droit. J'ai un peu peur de la réaction du centre mais mon père me soutient et c'est un grand réconfort. L'acupuncteur pense que la semaine prochaine tu dois bouger les orteils et celle d'après plier la jambe.

6 mai 1991

Tu as commencé la tisane de l'acupuncteur : à vomir ! Et la préparation, chapeau ! Toi, tu as changé de programme, ergo et kiné en vacances, bilan : une heure trente de rééducation par jour. Aujourd'hui tu as mangé sans l'aide de poids sur la potence.

25 mai 1991

Cet après-midi l'acupuncteur t'a fait MARCHER deux pas.

Maintenant il faut trouver un endroit calme pour le faire tous les jours. Tu t'imagines cinq semaines, pas une de plus ! Pendant trois semaines, il ne va pas pouvoir venir le samedi car il donne des conférences, mais il viendra le dimanche. Il voudrait se procurer ton dossier complet, mais… Il voudrait aussi venir t'ausculter avec deux de ses élèves. Si Dieu existe, remercie-le de nous avoir fait connaître l'acupuncteur, mais dis-lui de penser à tous ces gens qui souffrent et qu'il fasse quelque chose pour eux. Je t'aimerai jusqu'au dernier souffle et quoi qu'il arrive…

Ça n'arrive pas qu'aux autres

Dépôt légal 2e semestre 2006
I.S.B.N. : 2-84751-038-9

Mise en page :
Paul Royer

Imprimé en Union Européenne

2A rue Isenbart. 25000 Besançon

Achevé d'imprimer en juin 2006
sur les presses de la Nouvelle Imprimerie Laballery
58500 Clamecy
Dépôt légal : juin 2006
Numéro d'impression : 606161